**CÍRCULO
DE POEMAS**

A extração dos dias:
poesia 1984-2005

Claudia Roquette-Pinto

Organização e posfácio por
GUSTAVO SILVEIRA RIBEIRO

13 NOTA À EDIÇÃO

OS DIAS GAGOS [1991]

19 OS DIAS GAGOS
21 Zerando
22 Fátua
23 Desenlace
24 Hiato
25 Blefe
26 Tranco

29 Litografia
30 Sobretudo
31 Gênesis
32 Fabulando

35 Para Sylvia Plath
36 Brasa dormida
37 A lei da pólis

39 VÁCUO
41 Eclipse
42 Manhã rarefeita
43 Visitação da morte
44 Dura ou caroável
45 Numa estrada

47 TRIPS
49 *All-leather*
50 Intermitentes
51 Jazz
52 Poema riscado no escuro
53 Tarde no Mojave

55 QUARTOS CRESCENTES
57 *Moon lady*

58 Na maternidade
59 Quatro flashes antes do poema
61 Menino no berço
62 Marinha com medo de dormir
63 Móbile

65 VISÃO E TATO
67 Quase
68 Umbral
69 Tarde na serra
70 Luz depois do mergulho
71 Ruídos

75 Porcelana
76 Visão e tato
77 Tema para esboço
78 No ateliê
79 No jardim

SAXÍFRAGA [1993]

85 SAXÍFRAGA
87 Rastros
88 *Minima moralia*
89 Modo poético
90 *Bãdinjâna* (a berinjela)
91 *Tomatl*
92 Castanhas, mulheres
93 Parda, preta, pintada

95 O OLHO ARMADO
97 Retrato de Pablo, velho
98 Dúvidas, 3 ou 4
99 Os frutos da terra
100 Raízes
101 Bananas, cacho

102 Pingente (flor da banana)
103 *Snap-shot*
104 Pêndulo
105 *Stabile*
106 O casal
107 O casal
108 *Space-writing*
109 Ao leitor, em visita

111 ELE:
113 Presença
114 Dama-da-noite
115 No estúdio
116 Poema submerso
117 Ele:

119 CARTOGRAFIA
121 *Sirocco*
122 Deserto para ouvi-las
123 *Fait-accompli*
124 Na varanda
125 *Sterling move*

ZONA DE SOMBRA [1997]

133 FÓSFORO
135 Tela
136 A caminho
139 Cadeira em Mykonos
141 No teatro
143 Cinco peças para silêncio
148 Voz

149 PEÇAS
151 Fósforo

152 Colar
153 Seixo

155 ZONA DE SOMBRA
157 Vão
158 Os reinos
159 A mão
160 Georg Trakl
161 O porvir
162 No éden
163 Meia-água
164 Vigia
165 Em surdina
167 Esta
168 Chama
169 Últimas flores

171 A EXTRAÇÃO DOS DIAS
173 [nenúfar]
174 [água madura saturando em âmbar]
175 [arrufo de asas]
176 [gualde amarelo amarelo andante em verde]
177 [há uma prata indecisa na copa destas árvores]
178 [acima desta escuridão alguma coisa debruça]

COROLA [2000]

183 [O dia inteiro perseguindo uma ideia]
184 [Suspenso na rede do sono na tarde indecisa]
185 [De mãos postas o louva-a-deus ora]
186 [Nada]
187 [*Sob o fermento do sol, as coisas*]
189 [*Amor-emaranhado*, labirinto]
190 [Árvore de fogo, chama negra]
191 [Por que você me abandona]

192 [O que não fala]
193 [Página oca]
194 [Não no sono]
195 [Desprego as estrelas]
196 [Meteoros]
197 [Ainda úmidas sobre a folha]
198 [Conhecer]
199 [Até onde a respiração me leve]
200 [Dentro do pescoço]
201 [O azul neófito próximo ao violeta]
202 [O princípio da poesia]
203 [A serra elétrica das cigarras parou]
204 [Então é isso]
205 [Não a garganta]
206 [Margaridas]
207 [O espelho frente à janela]
208 [Céu fixo que se escalpela]
209 [Teia de aranha, galho seco da roseira]
210 [Vencida pelo perfume das rosas]
211 [Dalí e seu relógio que escorria]
212 [Pequeno pássaro sem presságios]
213 [Fugitiva, à vezes num meneio]
214 [Escrita]
215 [Quem, sob os cabelos]
216 [Se cada hora tivesse]
217 [O solavanco no estômago]
218 [Tubérculos nos joelhos]
220 [Uma cor que se macera]
221 [A notícia abriu à força]
222 [A orla branca]
223 [Na hora em que tudo termina]
224 [Que luz azul é esta que reclina]
225 [Da banda dos metais operosos]
226 [O que mora em minha boca]

227 [Os sapos martelam na noite]
228 [Primeiro as franjas de papel-metal]
229 [Cães que uivam, não para a lua]
230 [Feijões arrancados da fava]
231 [O torneado hábil das palavras]
232 O náufrago

MARGEM DE MANOBRA [2005]

237 MARGEM DE MANOBRA
239 Sítio
241 Mira
242 Queda
243 [*E ela soube que tinha sido atravessada*]
244 Tudo a perder
245 Opaco
246 Em Sarajevo
247 Cão
248 [*Sob o toque da luz do dia*]
249 Granada
250 A escada de Jacó
251 Santa Teresa
252 Meditação
253 Rol
254 [*... entre pernas, entre braços*]
255 Homem: modo de abrir
256 Margem de manobra

257 NO AGORA DA TELA
259 Digital
260 Janela
261 [*Assim que sua boca nomeou o desejo*]
262 Cinabre
263 Vaso de vidro
264 Os amantes sob os lírios

265 Deserto com sombra negra e montanhas ao fundo
266 Vermelho
267 Tulipa da Turquia
268 Amarelo
269 [*Ele era todo liso*]
270 Jardim dos Prazeres Oriental
271 Branco
272 20 de abril de 1883
273 Azul

275 ACHADOS E PERDIDOS
277 Praia Linda
279 A casa ainda
280 [*Como o ímã atrai a limalha*]
281 [A sua voz rasgada]
282 Sonho com bicicleta e tigre
283 Anfíbios, poetas
284 Poeta na Capela
285 Maresia
286 Olhando fotografias
287 *The Last Days of Disco*
288 [Perdido]
289 Canção de Molly Bloom
290 Amor de borboleta
291 Redoma
292 O primeiro beijo

293 OS DIAS DE ENTÃO
295 Cidade bombardeada
297 Na Montanha dos Macacos
299 Na Costa dos Esqueletos
300 Mais uma lua
301 Nossa Senhora da Rosa Mística
302 [*Quantas maneiras poderia encontrar para amar*]
303 Kit e Port

304 No sinal
305 Poema de aniversário
306 [Dias mesquinhos]
307 Exílio
308 *Are You Coming With Me?*
311 Odre
312 Pulso
313 Os dias de então
315 EMPRÉSTIMOS

POESIA INÉDITA [1984-86]

319 Guerrilha
320 Hobby
321 No museu
322 Peixes japoneses
324 [*Cantava a chuva*]
325 Matéria do riso
326 [*Pro teu amor, só o silêncio*]
327 [*A palavra existe contra o silêncio*]
328 [*A palavra me deixa pisando em ovos*]
330 [*Quero sempre a tua voz na minha vida*]
331 [*Quando escrevo*]
332 [*Gato*]
333 O nome das coisas
334 [*espremer poesia da palavra seca*]
335 [*Todo domingo é um pequeno réveillon*]
336 [*O hibisco é uma fruta é um bicho*]
337 [*Atrás da garfada uma rosa surpresa*]

338 POSFÁCIO
Imóvel, vertiginosa
Gustavo Silveira Ribeiro

363 ÍNDICE EM ORDEM ALFABÉTICA DOS TÍTULOS DOS POEMAS

Nota à edição

Este volume reúne os cinco primeiros livros de poesia publicados por Claudia Roquette-Pinto: *Os dias gagos* (edição da autora, 1991), *Saxífraga* (Salamandra, 1993), *Zona de sombra* (7Letras, 1997), *Corola* (Ateliê Editorial, 2000) e *Margem de manobra* (Aeroplano, 2005). Ao final do volume, os leitores encontram também poemas inéditos em livro escritos nos anos 1980, início da produção poética da autora.

Os dias gagos
[1991]

para ricardo, serginho e pedro
os homens da minha vida

OS DIAS GAGOS

a todos poemas ausentes corando no tempo

Zerando

existe um mês que desconhece o branco
tropéis de inseto estreiam seus metais
as folhas sérias têm prata e resguardo
contra o horizonte há o temor dos cascos

fora a cabeça, nuvens sem projeto
(as sobrancelhas de um deus *nonchalant*)
silêncio pisca grilos queima insetos
no lume vago a falta de intenções

há sempre essa ameaça de olvido
vibrando impaciência nos papéis
e algum motor te viciando o ritmo

a luz das frases já não tem feitiço
eis um destino — todo — a duvidar
janeiro passa o rodo. a tua vida.

Fátua

pra bel (1963-1991)

fevereiro: quando as rosas ruem
arredias, pensas de suor
e desata um tremor nos lustres
(os garotos juram que é amor)

fevereiro favorece o truque
"saque às joias, planos de um ladrão"
fogos fáceis ondulando fúteis
e um temor que reconhece as nuvens

a notícia não aceita duplo
são palavras na sala ruim
arranhando pulsos no percurso

nunca mais teu rouco ouro ruivo
e cabelos fogem — quase fluidos
fevereiro dita o teu dilúvio.

Desenlace

março me deserta como se eu fosse um átrio
na fuga o pano persa faz estardalhaço
lufada: panos áureos maltratam os ares
outono aponta depressa e dilui os terraços.
como em Nice, a caminho, na borda da areia
um mar denso, ferido, um atlântico alheio
e outubro fazendo os meus pés rarefeitos
o poema me trai como o sol estrangeiro.
mas aqui o outono não encontra promessa
março sopra silêncio entre dedos e pétalas
dos teus lábios caem apenas — tarde! — frases amarelas
se desisto do poema empalidecem as peras.
a ideia dormita na praça da testa
arde um átimo. agulha que o olho incendeia
"teu riso infernal crepita e doura a semana inteira"
porque se o poema me habita: "há um céu de mil janelas".

Hiato

a todos os poemas que nunca escrevi — nem hei de —
estendo essa dor como palmos sobre um lençol
é plana, são planos os meus desejos
textura de silêncio entre os dedos

janela: algum movimento. paredes.
poeiras desnudam-se em órion aderem na luz
abril atenua o que antes foi só geométrico
sigilo é o nome do gesto a um passo do verso

e tudo o que nunca se disse tem halo de éden
habita na orla das unhas os sonhos se enredam
e olhos enxáguam o hall numa órbita cega
correr no varal a vertigem do hálito ao verbo

com mão ágil abrir a costura de outros enredos
a todos poemas ausentes corando no tempo

Blefe

pois esse é o mês bastardo, azinhavre
engole o que há de doce nos metais
silêncio embaça a pele dos diários
lençóis têm cor de áridos lençóis

existe azul, mas é um azul de asma
que a nitidez da tarde faz em cápsula
espelhos só devolvem olheira e pragas
um gesto que de fácil despedaça

catódica essa luminosidade
estranha o sol repele o sol. intacto
o tique que quedou meus dias gagos

a rima fica lívida nos lábios
e dor sem voz passeia o seu contágio
um gato eletrifica. arrisco maio.

Tranco

dezembro mais e mais irreversível
os dias mudos arrastando os pés
o ar estala uns dedos de delito
voltagens arrepiam pelo mês

desejos já sem gás boiam na lista.
a íris dos grumetes nos sinais.
e todas as agendas em uníssono
vomitam compromissos. algum jazz

imita o gesto o metro o nosso ritmo
pra olhos macro num arranha-céu
enquanto rostos roxos de fuligem

despencam e desviam pontapés.
às vezes um graffiti um teco um grito.
será que eu mudei? ou os natais?

✳

Litografia

mas se eu uso uma palavra nova
como tivesse uma pedra na língua
áspera troca tranca trinca
maxilares dormentes

cada sílaba faz-se displicente
o acaso de estar intrometida
entre outros rumores ainda
mais dizeres

pronuncia-se esta pepita
com lábios de desagravo
enquanto em segredo relevos
de quartzo

chacoalham num alvoroço
de dentes e ditos e datas
custa o tempo de um tropeço
lapidar uma palavra.

Sobretudo

o paletó azul me separou da multidão
de horas que grudavam feito gente
fiquei mirando, um olho avisado
algum segredo que foi meu bem antes:
um raio um tilt o teu primeiro. bei
jo acordes me acordando o teu lençol
pião sorvendo num ralo ligei
ro a cor e a antessala dos avós
a letra mágica a página ímã
do Reinações na tarde de ambrosia
a voz do filho já não mais a mi
nha azul de ar o corpo tão alheio
quadriculado, eis que me incandesceu
— feito uma insígnia, quase absurdo —
arcaizando o meu presente inerte.
estava andando e então senti o sopro
o dia abriu em dois, nitidamente:
o paletó azul estava tecido com o poema
um clown sem nuvens atravessando a ponte.

Gênesis

ninguém diz: cor de mormaço o teu pelo
nem das amêndoas sabem o talismã
um hall de hotel e o maître toma arsênico
veludo e espasmo têm o mesmo efeito

no beco vi umas bananas ardendo
um álcool que rimava com veneno
os dias maduravam sortilégios
os meses no meu rosto feito vento

às vezes lapsos dentro do semestre
e o azul pulverizado das manhãs
queimavam nas artérias sol e éter

eu-dezessete e meio, etcetera
qualquer palavra que valesse a pena
o fogo em plena praça. esse poema.

Fabulando

uivo é primo de sigilo
os dois, quatro dedos de escuro
viés é um deus imaturo
desviando vereditos
tumulto: um conjunto de outros
tem pressa e areia no atrito
no ímpeto mora o sussurro
de uma aguarrás sem juízo
horário são quartos de vidro
vazando as agulhas dos dias
gladíolo incita vertigens
e trópico às vezes varia

as sílabas racharam o dique
urdir é o xis da poesia.

*estou no começo do meu desespero
e só vejo dois caminhos:
ou viro doida ou santa.*

Adélia Prado

Para Sylvia Plath

dou ao teu corpo a fluidez
e a luz
de um suicídio aquoso
invoco, no sono, cabelos
de um teor que não desejo estranhar
imagino teu rosto um aquário
você transborda no vestido árido
peixes olhos
escorregam da tua tez

palavras sem raiz
mergulham   na limpidez.

Brasa dormida

pra adélia prado

ai de vocês, se eu fosse a dona dos mistérios
eficiente como uma mãe de minas
silenciosa, doada à palavra
e distraída de gerúndio e particípio
batendo carne, plissando cúpulas
sem o menor encantamento
olhando o tempo e guardando a fúria
pra danação de um domingo eterno
eu na voragem de um domingo aberto
ai de vocês, se eu tivesse um dia inteiro.

A lei da pólis

ana cristina aflige: musa inútil
os suicidas cansam com seus *exeunt*
eu, vinte e um, as letras tão veredas
que precisava eleger fronteira
em outras frases, já despossuídas

**o fato é que
ana c.
o tempo não coube você**
e antes que o nosso desejo
aportasse nos teus telegramas
vieram os calhordas solenes
de sovaco-dicionário
e umas 3 divas míopes
com incenso e veleidades
namorar a tua ausência:
"elegia para a — quase! — leila diniz da poesia nacional".

**estou farta do lirismo descomedido
tão afeito à geografia umbilical!**
alguém já disse: "o verso livre requer ouvido infalível"
mas não aqui:
à sombra dos coturnos floresceram uns cogumelos
e para ter a eternidade é só
cair sem deixar testamento
ou a chance de te maltratarem o verso
salve, e adeus, mana cristina césar:
você nos desistiu.
nós não te enterraremos.

VÁCUO

Eclipse

é uma sala branca angulosa sala
uma sala branca exatamente clara
uma sala branca que não lembra nada
uma sala tanta que a gente se cala

branca   intransigente certa
branca   quase aritmética
branca   do piso à sanca
cega como a porta aberta

a sala tonta que não cabe em si
cena pronta para o eclipse.

Manhã rarefeita

casacos olham da estante
com instinto assassino
as vozes sufocam de lã
no instante do grito

o cobre entristece como praias
em cardumes de ferrugem
a casa soletra: saia!
impune

formigas mordiscam o confeito
dos azulejos claros
as paredes cansaram
de um rosto alheio

espelhos não refletem
mais a cara do dono
tijolos me esquecem
— sono

Visitação da morte

primeiro um alarme nos ossos
fisgada antes da chuva
ainda mais aguda
(dava pra ouvir o vazio respirando ali).
o ar adormecia em segredo
e os quadros, compoteiras, a pequena cidade de pedra-sabão
foram perdendo o magnético tom dos pertences.
nesta tarde — mesmo uns dias antes —
alguma coisa se desprendeu, surpresa,
da nossa pele
feito um rapto de febre
e sempre,
então,
essa clareza presentificada distendendo os instantes:
a morte estava entrando no teu corpo.

Dura ou caroável

a morte entra descalça nesse quarto
e entre um sonho e outro ela te habita
percorre as trepadeiras com aspereza
num gesto embaça a íris cor-de-mirra
o cômodo se queda intangível
com a lucidez de entorpecer espaços
não há palavras nem uso pra isso
e luz dilui seus contornos mais fáceis
a morte estanca o frêmito do dia
com sua voz de paina voz de nada
os dedos fecham os olhos e a tua vida
a essa intrusa já dona da casa.

Numa estrada

a noite é um sopro doce e degenera
o bafo do que ainda vai morrer
o som da roda o asfalto não sossega
e chispa o trilho do trem o trilho do trem
a noite é uma espera fraudulenta
que as horas tecem sempre recomeça
as árvores esgarçam sua pele
com unhas de fumaça
a noite insone torce e mastiga
o som que a boca nunca pronuncia
a noite entrega a carne arrependida
à avidez da lâmina do dia.

TRIPS

All-leather

lua alta em gotham city
tiro perdido no escuro
a noite abrindo o zíper

Intermitentes

1. pneu roçando as traves do viaduto
2. silêncio e voz a lixa voz de um grilo
3. torneira interrompendo o escuro
4. o fátuo de um amor. o melhor músculo.

Jazz

a noite tece ao redor.
há uma lua uma abó
bada um rosto de lilian gish
que alguém deixou de propósito.
atrás da mureta a
aspereza azul levita
e torna a afundar
abrindo prata e ror nessa hipnose.
correm notas pela escada
pérolas   as teclas
os degraus.
eis: e depois
um sax desperta flores nos quadris.

de que lugar em mim verto esse caos?

Poema riscado no escuro

metal invade o ouvido. a avenida
provoca e trepida. caminhões.
neblina tem a cor dessa fuligem
me deixa a vista a prazo a vista triste

são paulo quase íntima madrid
apolo de cuecas num outdoor
maior que a vida que qualquer delírio
e bairros que são fórmulas tupi

"aqui não tem coqueiro que dá coco"
se vira esquina feito um assobio
no masp alguns poetas (subsolo)

a gente crente que isso é nova iorque
e viadutos sonhos de um voyeur:

jamais estar na pele de outros corpos!

Tarde no Mojave

a vastidão desenrola um tapete implausível
cascalho num ritmo ríspido
quando a sola ensaia o amarelo
logo todo vertical oscila
e ondula — até a brita —
como a vista do hospital depois da agulha.
aqui não há pensamento
cigarras arranham o peito
dementes, numa anunciação.
pulmões incorporam o farelo
metálico e os pregos do cacto
provocam feito uma ideia ruim.
o sol é uma pupila
alheia que traga e destila
os últimos vestígios de vermelho.
um deus vomita no cânion
seus lábios têm ouro e ruína
a argila endurece entre os dedos.

QUARTOS CRESCENTES

love set you going like a fat gold watch

Sylvia Plath

Moon lady

a lua cheia é fome de redondo
azula arranha o sono dos bebês
seus dentes trincam despertam crateras
os nós nos seus cabelos são estrelas.
o hálito da lua é absurdo
cai sobre os viadutos feito pó
as pragas que murmura queimam o olho
e ardem dentro de algumas senhoras.
um gesto e desprendem-se segredos
em manchas que habitam o calendário
as velhas se remexem pelas hortas
as freiras pelas frestas de soslaio.
a lua empoa o rosto de chinesa
com ares de quem tem dor e desdém
e todos os bebês que não nasceram
esperam insones pela sua vez.
a lua cheia é rouca. é proibido
o som da lua uivando sua tribo.

Na maternidade

vivo. feito de espaço
e de dor
um, como se eu sempre soubesse
seu grito
é áspero e azul

sigo imóvel pelo corredor
da vitrine você não me vê
encharcado de ar
e tão nu

suo e entre lençóis
agulhas me tramam um tremor
cigarras esgarçam o breu

breve você vem com a luz
tomar o que há de melhor
nos seios
que agora são seus

Quatro flashes antes do poema

1. inerte

>o rosto inútil da mãe
>tem uma máscara asteca
>cigarra sem cerimônia
>dispara a maraca elétrica.
>(o olho fechado é um plágio de descanso)

2. a arte

>por dentro da pálpebra a mãe
>acenderia libélulas
>dizeres de lume letal
>pelas tábuas paralelas
>da varanda
>tão voláteis
>que encantariam a tarde
>numa cena de john singer sargent
>(se ao menos lhe dessem a chance)

3. inadequada

>as rimas da mãe são esdrúxulas
>seu timbre também estridula
>o olhar tem um lápis-lazúli
>e um laivo oblíquo de culpa
>(essa mãe que adultece
>acalenta a ideia de uma beleza difícil)

4. o delírio

>a mãe sente o ar esquivando
>do seu ângulo estridente

se aurifica encantamentos
dentes unhas fosforescem.
a gargalhada rubi
desperta os corpos celestes.
logo consome o universo
com seu hálito de febre.
(não há sombras para sestas
quando a mãe enfrenta o verbo).

Menino no berço

a tarde desce cúpulas opacas
sobre a cidade, um pólen azul
enlouquecendo junto com as estrelas
das telas que gritavam no beaubourg.
atenta a tua pele titubeio
enquanto a casa traga nossos sons
e pálpebras repetem o desfecho
do dia que escorrega seus neons.
alheia aos teus enredos de opalina
debruço na redoma encontro afoita
a tua luz o rapto da minha
se te derramo nos braços da noite.

Marinha com medo de dormir

o sono é pra você quase um naufrágio
um ágil e gelado "homem ao mar"
girar sem volta o raio o labirinto
com os cabelos pesados de sal

o olho como última escotilha
e vozes vagas que encharcam a cabeça
as algas são pedaços de outros sonhos
e colam no teu corpo já sem peso

qualquer graveto segue no riacho
sem conhecer a cor que está no fundo
mas pra você o sono é um naufrágio
mais um gole de ar antes do escuro.

Móbile

estrelas domadas, coelhos
levitam pasmos
cada boca uma vogal.
imóveis, no centro,
cochilam os quartos crescentes
— aparas das unhas de um deus.
nada transborda mas
o ar cheio de jogo
brota gestos do caos.
satélites — onde o teu corpo?
dedos tênues as redes de luz
(entreabrem uns olhos de éden)
entre os cílios, meu suborno.

VISÃO E TATO

Quase

tinha um canto de jardim naquela chuva
tinha o tempo de umas férias esse átimo:
bravo agora o que agora foi diáfano

tinha um saber primário — não, primevo —
pernas lúcidas despontando trajetos
um compasso cuidadoso cada gesto

tinha pele e vertigem. magnetos
esses olhos feito infância, que me esquecem
tinha a trama dos meus dias no suéter

tinha a fala que se urdia num biombo
teve um tonto *tanto* inundando a sala
e caímos no silêncio feito um tombo.

("das palavras que disseres, serás escravo
mas das que guardares, serás rei")

Umbral

a tarde desenrola um gesto ensaiado
cores desabrocham sem plano
quando a luz do teu rosto me atravessa os quartos
o verão é o senhor dos enganos

toda matina cigarras arranham
qualquer gume que eu jurava manso
e o cobre do colo acende no impacto
o verão é o senhor dos enganos

há um mel que nos deixa mais fáceis
e espaço pra dedo entre os panos
lábios dropam palavras envoltas em gaze
o verão é o senhor dos enganos

titubeio fatal esse passo
um hiato entre dois oceanos
na ausência de um sal que fustigue o olfato
o verão é o senhor dos enganos

Tarde na serra

mangueira centenária na orla da nossa janela
tatu-bola e centopeia enrolam na trepadeira
lá no longe as corcovas das nuvens carpideiras
a luz do teu corpo me evola e enlouquece as estrelas

Luz depois do mergulho

depois de te amar saio refrescada
transparente nascida água
matéria de cisterna
de fosso fundo   eterna
na tua profundidade

depois de me encharcar volto cristalina
do escuro   à tona   respiro
busco a luz que te defina:
água, talvez
água fugaz   corpo piscina

Ruídos

os teus ruídos deixam a casa útil
agora o talco mancha nossos pés mas
os sons
os sons é que te fazem jus

chuveiro: as paredes chiam lívidos
cochichos tua líquida nudez
a lâmina bate em morse pela pia
escorre espuma uns flocos sem voz

em todos os rumores um rumor
— teu corpo, sempre prestes a fluir —
correndo pela casa em que habitas
que habitas com teu ser de água e luz

✷

*como um relógio de ouro o podre
oculto nas frutas*

Ferreira Gullar

Porcelana

      a vespa
      crespa
      chispa
      e espera:
   cada nêspera
   uma véspera.

Visão e tato

a ponta corada machuca
estira outra cor na curva
rubor que amarela e aveluda.
ninguém te decifra a textura
e a deixa do gesto é agora:
crina ondula   sombras louras
tremem
na procura.
boca!
e luz bissexta à tona:
um pêssego madura.

Tema para esboço

a pele tensa, a ponta risível
mapa generoso de sardas
uma quase via láctea
arquipélago dormente.
nunca brava a ponto do áureo
ela guarda uma nesga de prata
— palavra
ou mulher difícil.
de dentro constrói asperezas
mas desarma pelo cítrico
— doce, quem iria supor?
salva de quadros, contrária ao talher
a pera envenena o ritmo.
a sala toda orbita a seu favor.

No ateliê

para marília kranz

de tudo o que podia ter brotado
na luz supérflua da meia manhã
— pólen, formigas, os pequenos rastros,
as asas fáceis que te roçam o lábio —
uma palavra caiu no assoalho.
nem dura era, essa maleável
e nunca dentes para aprendê-la
mas obscura abrupta e hiatos.
abrindo sulcos dentro desse quarto
arrepiando o pelo das ameixas
(crescia um húmus entre as duas letras)
a boca avessa que se fecha ao tato.
flor impossível para as tuas telas.

No jardim

o verão recomeça sua linhagem de folhas
vespas se eternizam em vertigens roxas
no seu zig voo zag ancestral.
guizo de flores a abelha matutina
espirala a corola
e o crisântemo fulmina
num amarelo que dói   dói   dói.
há uma nota fovista na alface crespa
a larva estala em borboleta
mas a tarde se desprega alheia a isso.
uma luz um motivo um inseto
tremula na tua pupila
com asas de prata e papiro.
o silêncio estrila e me espeta.

eu escuto o que tem que ser dito.

Saxífraga
[1993]

para o bruno

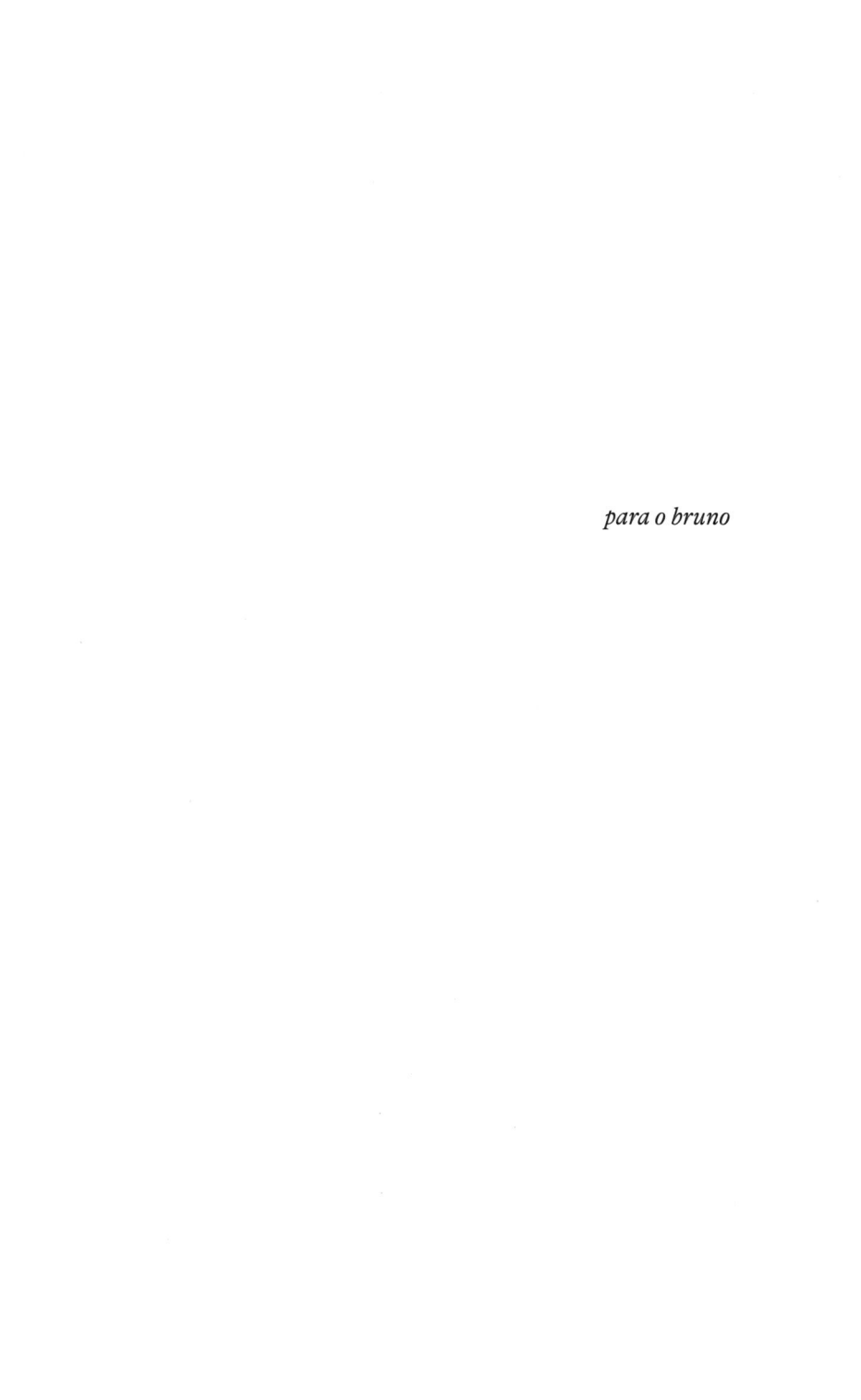

SAXÍFRAGA

hay una raiz amarga
y un mundo de mil terrazas

García Lorca

Rastros

cogumelos gratuitos, vetustos
dando à relva um reflexo escuro

      compostura desses cogumelos:
      a da pele, dos bagos de um velho

os pendões não pediram licença
e perdem a crença, solitários

raízes não se sabem raízes
raiz se confunde com galho

      clangor da folhagem entreabrindo
      disfarça o cicio do limo

      o cheiro dos gomos pisados
      alastra-se feito um boato

e eu no espinheiro, sem rumo

      longe, o chão de pedregulhos
      a flor essência saxátil

Minima moralia

só a pétala mais rara
carna-
dura estriada
sem transparência de luz
só a pétala folheada
de água
onde mora (aguarda)
o som de uma floresta
pulsação dos fluidos da floresta
quando o tímpano estala

Modo poético

para manoel de barros

descendo o rio os pés
aceitam a melhor
pedra   nunca a
mais firme con
sequente ao passo,
pedra: a que
por limo era
seixo agora é
queda a que
por sombra vislum
brava-se num chão

Bãdinjâna
(a berinjela)

é o azul   ciano   negro
a fome de cor neste negro
é a pele   espelho
de virgindade   ancas
que impeles aos céus

ou o turbilhão — que ninas —
de vespas de escuridão
(no teu ventre)
o que
te aparentas
à louca maçã da palavra?

Tomatl

tonto rubicundo planeta em
que estrelas castanham
dentro de ti medita um
sol mediterrâneo
fruta que se faz mestiça
atiçando a horta
maçã amorosa
o teu dourado nunca enflora à vista
— pomo que incha, tal *cuore* —
antes, na mandíbula, onde explode
(às vezes em laivos de verde)
tua fruta, finda em "l"
recôndita, sustenida não
por casca, como as outras
frutas ditas:
com *pele*

Castanhas, mulheres

se abertas
com a destra surpresa
de pequenas mãos
cegas a tal alfabeto
e a nesga — já marrom —
de pele fere
mais que a tolice dos espinhos
vê como
o gomo lateja:
ela e ela
desabotoa
entre os dedos

Parda, preta, pintada

> *mecê pensa que ela é muitas, ela tá virando outras*
> Guimarães Rosa

fala do nada com isso:
o coisa nenhuma
ronco no oco do
bicho choque que
se transmite se
a mão (em sonho ou viso
de intenção) caminha
do fio-veloso-das-costas
ao mastro do rabo
em riste
fala que fala consigo
à roda
iauaretê, meu tio? não-nunca
que delírio se instrui no
lume do corisco
pintada ei palavra vis
lumbre na greda
e o rastro: areia
que desaba
ao peso, sempre,
das patas

O OLHO ARMADO

*pintura é a natureza vista
através de um temperamento*

Paul Cézanne

*aquí está; mira. Yo tengo el
juego en mis manos [...] pero
no puedo hablar de el sin literatura*

García Lorca

Retrato de Pablo, velho

da sombra seu rosto se lança
um peixe
uma lua africana
boiando à superfície gasta e gris
a calva não dava um aviso
dos olhos vivos
de água, vivos
que engendram antes de ver
a testa de touro tem brio
empurra um nariz repartido:
uma face enfrenta,
a outra subtrai
o resto são rugas e ricto
papiro
e o som de cascos ancestrais

Dúvidas, 3 ou 4
(picasso em cannes)

de que máscara evolui o teu rosto?
que planeta irrompe nesta testa antiga?
um átrio, fiapos de flauta
a praça de malabaristas
que tacos fizeram teu peito
num picadeiro, que cascos te pisam
agora, na espreguiçadeira
nessa praia às bordas da velhice?
que planta enredou-se em teus braços?
que folhas te silenciam?

Os frutos da terra
(frieda kahlo)

— as espigas estão fechadas
pendem do céu suas barbas
íntimas, como em mulheres

— a berinjela emborca   negra
brilha o dorso   o rabo   negro
(brilha o rego)

— a goiaba foi aberta
mora um fogo dentro dela
"que me fere. envelheço."

— fruta branca sem vergonha
parte os lábios feito uma dona
feito uma cona
instruída

— abóbora haste em riste
a raiz da mandioca
espeta tudo que assiste

— a pele a tela não importa
o que excita
nesta natureza-morta

Raízes
(frieda kahlo)

não sei de que parte me estilas
ó íntima floração
vejo o caule pela fenda da camisa
formular-se em folha
lançar-se ao flume
das folhas   no encalço
aturdir no rumor
sei da flama que infiltra
o glauco veneno das intenções
folha: onde a vontade deriva
raízes no pedregal

Bananas, cacho
(georgia o'keeffe)

des
cabelada rama
ilha de espi
gas surdas
pela música do sol
talo
que se recur
va pulsa de urina ó
falo li
cor de silêncio
tremo na
ponta onde cons
piras no
gesto casto da
anêmona

Pingente (flor da banana)
(georgia o'keeffe)

o bico impudico ri
a nesga da língua ali
desperta outra anatomia
em rolos as
folhas raras
arvoram em pelo
mulher aberta vista dos joelhos
pendes
displicente
como no éden

Snap-shot
(claude monet)

quantas vezes mais tudo foi novo
súbito fugaz agora-todo
feito as tais manhãs (sombra) na sala?

quando foi que eu saí daquele rosto
e do olhar redondo: olho-poço
em que me debruço (tombo) agora?

Pêndulo
(um autorretrato de edvard munch)

ouve o sol imóvel e jus
to que até a ti ignora
pai do acre zinido
quando glissam dedos mo
las — ouve com o ouvido esquerdo

mede o ar que res
vala do braço tácito ao leito
o vão sólido azulaço sus
tentando o laivo o verde
que ali representa silêncio

permanece em pé à margem da parede

engole o teu último lap
so e tapa (tapo)
os olhos que acendem no
confronto do fracasso:
pronto e tão sur
preso

Stabile
(calder)

I. lá: uma mínima lua, e pensa
   já: uma boca que se con
   centra em o — entre
   as duas circunferências
   tudo que se diz
   tende (e pênd
   ula) propende   ao poema

II. coisa esquisita equili
brada e líbera, em dédalos
tal cacareco aceita e impele
o impulso, sempre prestes
— traste erguido para dígitos aéreos:
treco

O casal
(norman rockwell)

a manhã tomba por altas janelas (chão de cinzas)
uma lâmpada-guernica pende pelo casal
na ponta dos pés, sobre os tacos da tolice
ela se debruça à cambiante
planície da aniquilação
do braço que a enlaça em direção ao risco
o sobretudo fere a gema do tecido
amarelo que era ela e é
de onde ela irá emergir

escrivão oblíquo
rosto erguido ao ruído
atrás dos vidros olhos piscam dois pontos-finais

O casal
(marc chagall)

pequenos passos levariam ao parapeito
onde a cidade ru bratris naros natruz!
mais alguns passos no tapete vermelho
luz de um tropeço: desvendava o vendaval

ela mulher em fuga breu vestido rufla
ele eis um homem que aprendeu a flutuar

Space-writing
(sobre foto de man ray)

para escrever no espaço: o
arco do braço mais
ágil que o sobressalto
das ideias em fuga (tinem
os cascos)
o traço
que as mãos no encalço (desa
tino de asas) percursam:
circunvoluções do
improviso na moldura
findo o lapso resta
em claro (i
tinerário de medusas)
a escrita que perdura para o
espasmo   o "olho armado" o
rapto
do obturador

Ao leitor, em visita

pensa em vertical
então se digo tubo
derruba-te num mergulho
assaltado
como o do sono
(coração tombo no
estômago. o amor)
acrescenta ao desaprumo um colapso
e a "presteza vertiginosa
dos expressos",
no espaço
sói agora que libertes
o tubo de toda matéria
— cuida apenas de não abolir a queda —
o que resta esta
queda construída

a isto, diga:
poema

ELE:

love is a spark
lost in the dark
too soon

                    Kurt Weil, "Speak Low"

Presença

página vazia, nua como pál
pebras al
fombra de gesso em prévia o
calcanhar au
sência de som que ama
cia o poema (cúpula trê
mula à intenção de
transbordar) assim
eu frente ao teu
corpo
súbito!
varando o ar

Dama-da-noite

abriu-se, de fonte inexplicável,
no nanquim da noite a floração
nítida, sem farfalho:
clara boia ao lume do breu
esgarçado de perfume

assim, se um corpo passasse
sem origem ou direção
ferindo o
neon das vitrines
como um hímen, vislumbre do meu
coração   o teu perfume

No estúdio

I. os teus ruídos íg
    neos azuis e
    tacos *stacatto* sob
    os pés (pal
    avras apagaram
    com o abajur)

II. é noite: todos os
    nus são nus pen
    umbra laminando o
    dorso à luz e lív
    ido lençol aves
    so ao escuro mur
    mura   murmúrio

III. os dedos des
     tros através do
     pano   espes
     so (liquefeitos
     por um triz) e eis
     que vens verter o
     corpo em mim
     vermelho   vero
     peixe
     de matisse

Poema submerso

olho: peixe-olho que
desvia a mão enguia
a pele lisa a
té o umbigo e logo
a flora de onde aflora
(na virilha) o
barbirruivo a
ceso bruto an
fíbio: glabro

dedos tão tentáculos
e crispam esmer
ilham dorso abaixo a
cima abaixo brilha
o esforço — bravo
peixe tentando escapar   mas

ei-lo ao pé da frincha que
borbulha (esbugalha?)
roxo incha e mergulha em
brasa estala
e agora murcha
peixe-agulha e
vaza
vaza

Ele:

n o i t e v e r t i c a l envolta em pele. destino do meu tropeço. sistema que se ergue contra o meu, no espaço. galáxia que me acolhe e desconheço. sua mão me ancorou naquele primeiro dia. dono de um silêncio que meu filho compartilha. braço onde tremo — último reduto. estrangeiro que julguei conhecer, e era erro. cromagnon disfarçado em mondrian. ímã: rege o lapso dos planetas. enigma de camiseta. espelho de onde goteja o meu corpo, dia a dia. proscrito das nuances. náufrago da lua. comparsa de uma fuga, aqui a estrada bifurca: toma aquela onde um casal, surpreso, o l h a p r a t r á s

CARTOGRAFIA

Sirocco

> *Ha! vieillesse felonne et fiêre*
> *Pourquoi m'as si tost abattue?*
> Villon

o seio sábio trazendo notícia da passagem, pele a se desprender da pele, *la belle heaumière (en avance)* — antes, muito antes da devastação chegar à paisagem volátil da face. ela se curva, a mão na cuba da pia, e eles pendem, modestos, lugar onde um dia uma festa, branca, ruminava — isso ela não saberia. as meia-luas que ela encara abandonada, pasma que sussurrem a mesma metáfora, pois vede o que são: tal fruta usufruída (marsupial sem aviso ou vestígio de culpa) e grata, grata por isso

Deserto para ouvi-las

a mariana

estrelas. corpos celestes. ela, não sendo célere, era dona de velocidade ☼ seu corpo a qualidade das massas trefegando no cosmo ⚛ sem prementes gravidades, como conformam os nossos ✧ uma destreza nascida dela, com ela e vê-la só se alcança aos solavancos: passos sobre a esteira rolante interjeitada de colunas ⁘ vácuo entre duas esquinas em que um til de perfume ✧ arco no ar quando as patas já aterram ✺ no plexo solar, cadente em queda ☼ o soslaio condição imperiosa; esgazeando quem a fitasse a frente ✧ o modo inaugural de estar presente: quando arfa em cena o tempo zera o taxímetro ✺ a palavra desastre inexiste no seu círculo

Fait-accompli

antes que houvesse ou vice-
-versa, os céus de nice
antes que florença me invadisse
a bici-
cleta abrisse o zíper
da tardinha (venice beach) an-
tes que a mão cúmplice no rinque
em viena descobrisse a
nova língua, perna a perna
antes vence, antes
cacos de matisse al-
guém ergueu um verso liso sem
indício de andaime — e nem
por isso tinha pisado um hall de hotel

Na varanda

ao pedro

quem
liga o motor dessa noite
espalha a limalha de
grilos no tecido quem
arma o quintal dos joelhos
picadeiro cativo no
enlace do teu
círculo quem no
parapeito lívido
plantou o segredo que
ronrona
quem na face escura
pendura a lua
esse sorriso?

Sterling move

e eis gestos de prata quatro,
cinco: a mão apta cump
rindo o *coup-de-grâce* o lap
so do lábio ao vere
dito frê
mito nas pálpebras-
-papiro
desates da
palavra feito um trinco

Zona de sombra
[1997]

para luisa

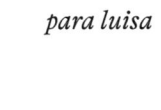

Dê também sentido ao seu dito:
dê-lhe a sombra

                      Paul Celan

FÓSFORO

Tela

o centro negro — palimpsesto de escuridão. camadas de preto confundidas, tisne sobre tisne até o oclusivo, último negror. ao redor, ilhas de cor, elétricas, sazonadas pela imaginação dos poentes. flutuando de por-sobre, em bandos nativos, uns grifos, asteriscos de nanquim. seus gritos, que ao ouvido inspirariam: cautela.

    toda equação existe, toda superfície pintada só roda e translada por causa desta ideia, que não se equivoca: o centro negro. mas ele não se dirige aos olhos de quem o contempla — aos olhos sem sono, sem cílios, aos olhos lívidos que insistem e à boca, intermitente, que invoca: portal, ó flor inversa, bocejo de escuro a tragar quem te discerne! magma, fruto de treva, estrela de não cor de densidade máxima! a ti resta engolfar-nos, ou explodir.

A caminho

> *Abriu-se majestosa e circunspecta*
> *sem emitir um som que fosse impuro*
> Carlos Drummond de Andrade

estava a caminho: canoa
comprida-boa partindo
a sombra, a meio-e-meio, no rio
silêncio-cutelo e, certo,
o dia aberto   seu ventre
(azáfama de zangões urgentes)
cego

estava a caminho e era
tido por meu o rio
sem costas nem frente,
a brio
inteirado em silêncio

por dentro uma chusma de insetos
vazante, na beira, o estrépito
— meu enxame de equívocos

estava a caminho, e na curva
as águas fendidas   as duas
águas se apartam, súditas
do incêndio, das espadas,
do verde (sem acaso)
ruivo que picava
as folhas do gravatá

o gravatá — o suave
súbito roçar de
dedos (vermelho-
-acicate) no umbigo
dos nimbos, acordar
a paisagem

o gravatá — seu recato:
ritmo intacto, enflorado,
servindo de pasto
para besouros, girinos
bebedor de símios

o gravatá — o severo
cerne,
o fero centro que ergue
verde-negro, estrela
de silêncio
e precisão

aqui a água turva,
de mistura com raízes
a curvatura da terra
empena,
oblitera a íris

aqui o rio dobra, a nau
soçobra, a cuia escura
do céu emborca
uma água dura,
às catadupas,
cai — fustiga como um pai

resta o caminho — o sombrio
seguir-do-rio (tateio
à guisa de aprendiz)
dedo cego, palavra-
(sem rasgos na pele da água)
-de-superfície

mudo, vazio,
cingido pela água difícil,
braçando no lodo, sigo,
às escuras,
a mão nua abrindo o fio
(começa comigo) a
costura invisível
do rio

Cadeira em Mykonos

I

nela não se auréola nem é falsa
a ideia, que dela se alça,
como o fogo da lenha
um grego, aliás, quem a
aprisionou, como a um inseto
sobre a camurça-conceito:
na língua, terceiro objeto,
menos cadeira, se a escrevo
tampouco devo (se a quero)
nos arrabaldes das sílabas
buscar madeira de mobília
preciso (para que a tenha)
adestrar-me ao negativo,
ao branco contíguo
da parede, hauri-la
como figura: literal
(modo-de-éden) nua
entre lençóis de cal

II

ícaro sem penas
noiva muda em cendais de secagem rápida
quadrúpede engendrado para solidões

No teatro

quando o dançarino enfrenta
a onda acesa da cena
— corpo-arremesso sob o açoite dos metais —
e assoma,
        (vulto opaco rapta
                olho-fátuo
                          a multidão)

e quando seu braço interrompe
o espaço negro onde
nenhuma fala se tecia
        (impiedade, parece
    embora exato   dizer coerência)

e todo o seu corpo
tão cambaleante desdenha
as manobras dos virtuoses

os homens sorriem, ombro a ombro,
justos neste contrabando
       (noite adentro, corpo adentro,
       até o claro errante
       onde o tempo   sua flor
       para, entreaberta)

e voltam à rua   ruídos
diluídos na turba e ao equívoco: vida
(fluxo de gás e notícia atravessando a insônia)

vida cujo antídoto
        (o dançarino desfere
        seu último gesto, as primeiras
        fagulhas de aplauso se erguem,
        na plateia

Cinco peças para silêncio

I

empresta silêncio ao silêncio
como sobre a superfície
das águas um vento caísse
mas imóvel, sem que tímpano
algum se ferisse
sem que a pétala da água enrugasse
vento soprando de dentro
do vento, a resistir-se
intento na corrida, em riste
o próprio pulso a domá-lo
trazendo seu movimento
de homem com cavalo

II

evita o que dá ao silêncio
ausência de sombra, planície
paisagem onde aterrissam
os tímidos, pátio de impasses
assiste em silêncio o exercício
do salto,
do que, maciço,
leve se arremessa
quando corpo, ora em pedra
ora em água precipita e
os gestos da água imita:
levita em convite à queda

III

corpo deitado ao silêncio
sob o sol, exposto
ao incêndio de outro rosto
todo ele ateasse
surgindo, vertiginoso,
das cinzas do gozo, em nudez
assim a palavra retorna
à sua íntima forma
que o olho, à pena, intuíra
(por dentro do corpo (disfarce
contra o silêncio) respira
outro corpo a imantar-se)

IV

se em torno ao sol do silêncio
um corpo orbita, em elipse,
há (metáfora opaca) um faça-
-se-a-luz que decifre
o rosto por trás da grimaça,
o desenlace do eclipse?

V

como um olho sob a pálpebra
raiando (ou se desvestindo
de uma antiga catarata)
através do cristalino
o corpo assoma, palavra
vinda da sombra
para o atrito

Voz

dentro da caixa escura, nenhuma lua
mas a voz que, chispas, acentua
no ar a espessura quase feltro
no ar, que antes dela era neutro

como o sono sem sonhos, ou preso
no casulo de um pesadelo
(ao encontro dos dedos se rompe
sobre o nada, que a luz interrompe)

chega a voz, e recolhe e espalha
cada fragmento, "migalha
de luz", lento esboroar

de quem já fui, na tarde. a voz vara
persianas, cobre as dálias,
vai de encontro à lixa das cigarras

PEÇAS

Fósforo

ela segue dormindo. na borda do lençol o que a acalenta não são flores — senão aquelas mínimas rosas, pontas buliçosas de falanges a afiar seus instrumentos. sobre as cinzas do peito vão as pegadas, fósforo expondo ao ar noturno seu poder de ignição. o objetivo: o ermo pavilhão (esquerdo) do ouvido. onde então dispersariam, indo pesar alhures. nas pálpebras lilases, nas pétalas pisadas dos olhos, onde outro grupo de homúnculos labora. com minúcia, com agulhas de prata eles picam a superfície da pele pálida e baça e tão logo aberta às intempéries da luz. a cada golpe da agulha ela sabe, a massa corrente dos sonhos, a água caiada quase a ponto de talho se enruga e ralenta, e onde ali havia a superfície fluida, ininterrupta, o que se coagula?

semicerrada na madrugada avulsa ela espera que alguma mão (a sua?) trêmula recolha toda a alva matéria e a explique.

Colar

o luzidio de certas palavras, ditas a esmo, quando vêm se interpor ao fluxo da fala, ombreando as águas na contracorrente. como, a contrapelo, a aspereza de um novo desejo, subitamente espreitado, acordando a pele.

pois se, no indo da correnteza se esbarra nestes seixos, a resistência se inaugura e inaugura-se um mergulho.

seguem as palavras de água rasa o seu percurso, coleando de mãos dadas sobre o leito de brou-ha-has, os marulhos da multidão. enquanto no íntimo desta bulha (mas em que latitude?) as ideias, antes pardas, rombudas, afunilam-se e se lustram e lentas morfoseiam-se nuns fusos, cujo único intuito é provocar a quem está escutando.

ela vislumbra: através das sílabas coisas incapazes de se fazerem ditas — tênue arco do desejo, tartamudo, estirando sua corda no espaço em rotação; e logo o arrulho das asas, que se avizinham e partem.

liquefeita neste líquido, contígua a este mundo entre fundo e superfície ela capitula, de bom grado exibe, em gestos tão vagos, os braços despidos, o colo (bastando, para isso, que incline levemente o torso para trás).

ela se rende, em oferenda expõe seu corpo ao exército surpreso das palavras — que sobem arranhando pelos braços, ultrapassam, vacilantes, os seios, um segundo atrás daquele par de olhos imantados, os quais, tendo cumprido o percurso, gravitam agora ao redor do seu pescoço.

Seixo

nunca naquela aldeia qualquer relume de água. o que se bebia era o suor dos caules, colhido com a concha das mãos antes que os primeiros raios, e o vapor-memória dentro dos cactos. não ajudaria perguntar — para todos naquela tribo a ideia de líquido tinha se evaporado, e mesmo as palavras dos antigos para invocá-lo rolavam na poeira intolerante, entre utensílios de barro.

a ela tudo o que restava era um comprido estar de pé, o sol de orelha a orelha, os olhos estalados a vigiar no mais-longe. de onde, sabia, alumbraria o gado alado e escuro de Nyame, o deus do céu. "É apenas uma história, uma história", diziam os avós, "deixe-a ir e vir": os machos, de casco-estampido, chispando e ferindo quem ainda teimasse em não correr; as fêmeas, brancas, tetas imodestas, arrastando-se até os dedos do sol. e, logo, seu leite-sem-cor, caindo em alívio.

nesta espera, no empenho desta véspera ela passava a integridade dos seus dias, acarinhando entre os dedos, como a uma pedra íntima, um e outro nome que escolhera, uma e outra maneira de reter o que nunca vira: o corre-corre; serpente-que-sempre-foge (sora, sora, sora); o come-calor.

e tão intenta estava na sua encantação de horizontes que não discerniu o instante em que a estrangeira, ajoelhada à sua frente, levou um trapo até a boca do cantil e pôs-se a lavar seu rosto.

ZONA DE SOMBRA

> *Só podemos viver no entreaberto,*
> *exatamente sobre a linha hermética*
> *de partilha da sombra e da luz*
>
> René Char[*]

---

[*] Trad. de Augusto Contador Borges.

Vão

palavra-persiana
poema-lucidez
imanta o ar fora do cômodo
das frases   um outono
rente à janela
ouro tonto sobre a tarde derrubada
entrementes, entre dentes
(e quatro paredes)
tua boca ainda invoca
equívoca e pobre.
na penugem além da vidraça
os deuses-de-tudo-o-que-importa
cerram as pálpebras de cobre

Os reinos

1. tempo
   a se desprender do tempo
   lenço a lentamente
   elucidar-se em frêmito
   enquanto cai

2. insone
   crivo por crivo
   ergueu-se do exíguo leito
   e abandona a sombra atônita,
   desatada

3. nimbo
   globo que assoma
   de halo hialino
   explode
   contra a lâmina das águas

A mão

do branco suntuoso entre carcaças lívidas
(nuvens)
ainda mais cinzenta pela tença da neblina
surge
— nos seus dedos um lampejo apenas
subverte a extração dos dias

à hora aveludada
no lusco-fusco de um cômodo
se divertem a passar —
em bando — pirilampos das
falanges sobre o campo noturno
(cabelos)

ferindo o — caso contrário —
dormido coalho dos meses
outra e outra vez as
farpas sulferinas
— seus dedos

Georg Trakl

sete vistas esperam atrás do nome
jardim que foi salvo, tonsura de muros:

árvore branca do desejo,
coberta de flores-do-equívoco

poças gêmeas olheiras
sob uma rajada de pétalas

um astrolábio, perdido na fuga

um par de seios — faróis
que os dedos acabaram de acender

a criança de olhos-guilhotina:
razão (manhã) decapitada

a palavra   sarça ardente

um punho fechado   teu coração

O porvir

cavalo de vidro, não
de transparência imediata:
opalino
breve, não era, quanto o cristal
antes, as ancas   esferas
brancas (como em paolo ucello)
avança
crina sem rédeas
patas que espanam
no carrossel do pó

(para quê,
cavaleiro ocre,
encolher-se na avalanche do galope
— no ouvido um presságio de cacos —
cada vez que os cascos o golpe?)

No éden

peça a ela que se desnude
começa pelos cílios
segue-se ao arame dos
utensílios diários
(insônia alinhavando-se
de tiros,
a infância   seus disfarces)
é preciso
que se arranque toda a face
deixar que os olhos descansem
lado a lado com os sapatos
na camurça oscilante
de um quarto
isso, se quer (sequer desconfia)
tocar o que se fia (um par
de presas, topázios)
entre os vãos das costelas
abra o fecho ela desfecha
no escuro o quadrante onde vaza
a luz e suas arestas

Meia-água

duas conchas
tua sombra quando encosta à minha
areal mais exíguo da
fronha, língua
de areia confinando com a escuridão

corpo
casca de borco (ambos)
quando abandonamos o nítido
por um pouso menos claro

poço
e poço de sono
sobre nossas águas gêmeas
a noite hesita em refletir

Vigia

eu beijo o verso
das pálpebras
no rosto do menino sem sono
estendo o sono
que esgarça
descobre os pés quando o branco
atravessa
(ultrapassa) um globo e
outro   tonto
cobertor de fumaça
ainda à margem do incêndio do sonho

Em surdina
(para um balé de balanchine)

I

ela pode voar
(ele acredita)
no movimento
que desamarra dentro
— de entre os braços
que um necessário apolo
ergueu a tempo para essa alegoria —
como se denso
embora leve
detendo-se o corpo se desse
em asas
— asas ao inverso,
que nela o voo
não alça: desata —
como se um vento (ou
o que, íntimo, levita)
soprando de dentro
sobre a água fixa da plateia a erguesse
antes mesmo
que os dedos-palafita
de um parceiro a tocassem
(como tocam agora) as
costelas
onde um par de asas se agita

II

o corpo um arco
encordoado para fugas
(ou será ela
a própria flecha
que dispara?)

Esta

que se ensimesma
pétala que volteia
ideia que embaraça
à pele, em novelo
segredo a desenredar
desde o centro, corpo adentro,
"moinho de silêncio"
ralo para onde escorre o
pensamento
umbigo de vênus, abismo
em que a falta de senso espirala
pálpebra do nada
(engalana, palpita)
brevíssimo ah! de duração indefinida
prestes a expirar dos lábios
em alvoroço,
rosa

Chama

as tulipas acenderam
— espadas, coroas,
cabelos —
seu ruído no quarto.
na cama sem repouso
um rosto avesso ao rosto
intransigente, do espelho,
busca equilíbrio
sobre o cânion dos lençóis
paira, fogo contido,
gêmeo do incêndio das flores
ardendo em contínuo
silêncio,
no halo da lucidez

Últimas flores

não saltam,
nem sobrepõem-se ao fundo escuro
sua vertigem (cinza
virgem emergindo em rosa espúrio)
dança na superfície,
aspira à longitude

elas sobem,
como se talos não atassem
ao fundo, à
água assombrada que o vaso, lúcido,
finge discernir

sobem,
e as três últimas (plenas
de ar) explodem
o limite da tela

digo ao resíduo
amarelo
tombando junto com os olhos
(no último
segundo) sobre o suposto vidro

— nunca mais olhar as rosas sem ferir-nos

A EXTRAÇÃO DOS DIAS

*Quem se arrima à rosa
não tem sombra.*

*Eu busquei a beleza
e o sol me queima.*

Pablo Antonio Cuadra
(via Manuel Bandeira)

nenúfar
o que rufa à tua contemplação?
que azul raia de verde
que "z" arábico atende,
rufla ao teu redor?
nenhum (asa de abelha)
furta o ar
como te olhar
furta-me o cór

água madura saturando em âmbar
água-ouro (vinagre do sol)
pedra almiscarada intenta num galope
a cigarra   seu mantra marrom
aranhas pálidas num rebanho
o olho tonto do gerânio
nuvens cegas, às manadas
(marradas-relâmpago)

arrufo de asas
entre as pétalas de um crisântemo
— instante de alegria que crepita

gualde amarelo amarelo andante em verde
partitura oscilante das flores   o vento
(ralento até o silêncio)
mas ouça: na lousa da noite
os grilos vão deixando reticências

há uma prata indecisa na copa destas árvores
há um lalique que — diáfano — cola às asas
da borboleta
há um grilo que retine
sílabas
às estrelas

acima desta escuridão alguma coisa debruça
— e a multidão das estrelas mudas —
uma face que vertesse
olhos de amoroso interesse
sobre outra face
a noite desce
seu punhado de estrelas — quase — até a água:
vaga-lumes
sobre o lago

Corola
[2000]

And priests in black gowns
were walking their rounds
and binding with briars
my joys and desires

    William Blake, "The Garden of Love"

Onde não há jardim as flores nascem de um
secreto investimento em formas improváveis

    Carlos Drummond de Andrade,
    "Campo de flores"

O dia inteiro perseguindo uma ideia:
vaga-lumes tontos contra a teia
das especulações, e nenhuma
floração, nem ao menos
um botão incipiente
no recorte da janela
empresta foco ao hipotético jardim.
Longe daqui, de mim
(mais para dentro)
desço no poço de silêncio
que em gerúndio vara madrugadas
ora branco (como *lábios de espanto*)
ora negro (como *cego*, como
medo atado à garganta)
segura apenas por um fio, frágil e físsil,
ínfimo ao infinito,
mínimo onde o superlativo esbarra
e é tudo de que disponho
até dispensar o sonho de um chão provável
até que meus pés se cravem
no rosto desta última flor.

Suspenso na rede do sono na tarde indecisa
em ser, ainda, tarde, ou ver-se noite
o corpo, em seu torpor, não acredita
sequer na hipótese de um corpo
(em morte, em vida, e
o que dizer do encontro).
É certo que lá fora algo acontece,
insetos voam, pessoas (seus ruídos)
sobem, descem,
pensam que isso é tudo:
a terra embaixo acima o céu
e nuvens.
Às vezes um clarão
— de raro em raro —
o tanto quanto necessita a folha
para estender sua bandeira tola
no ar mesquinho
(e antes que qualquer lagarta a alcance).
De resto é este sono que se alonga
até a sombra,
na tarde em avalanche.

De mãos postas o louva-a-deus ora,
monge de primeira hora,
longe do coro das cigarras
enquanto a tarde esbarra
na noite e, ombro a ombro,
lutam o claro e a sombra
até que, pesada, vence
a escuridão.
O lago, mais que um vago
parêntese aberto na mata
é a nata de um pensamento
que, lento e lento, se formula
na superfície nula da mente
(inversamente ao que se deu
naquele primeiro dia
quando o rosto do homem abria
em precipício, sobre deus).

Nada,
além do som do riacho
e do grilo, esfregando seu pedaço
de lixa no ar estreito,
alheio a outro som, quase inaudível,
que o coração abafa, em disparate
contra a paisagem, organizada e fria
— apesar de um sol que desafia a pele
a abandonar sua letargia
e põe insetos em outros trajetos
varando contra o rosto.
Agora a nuvem se encosta
no morro, cobre o olho impiedoso,
pai do meu desconforto.
Afago de asas, vento diminuto
paro e flagro o que aflora
(borboleta de Wordsworth,
mas bem mais que meia hora),
enquanto cascos se pisam
no céu que hesita entre a chuva e a indiferença.
Imóvel, vertiginosa,
de fora a dentro me inclino
(os clarões se aproximam)
rede em riste
sobre o rosto daquela flor
— a única que existe.

*Sob o fermento do sol, as coisas
desprovidas de peso*, as coisas
despovoadas,
o contrário de si mesmas,
todas no exterior.

Na pele abrasada das coisas
o pensamento entorna,
não penetra, espalha e
torna a reunir-se
em gotas, um suor.

Quase nada alcança
o par imobilizado
de peixes na água que estaca,
de olhos na mancha
do rosto. À *calma estupefata*
cascos apondo
um toque de temor.

O tanque dentro do sonho
anel de sombra a memória
na superfície estirada
arbitrariamente branca
— e o áspero das cigarras
sob o sol narcotizante.

*Pequeno retângulo em sombra
projetado pela casa*

*à volta ondulava a campanha
o lamento das cigarras
era como um estertor.*

*Amarela dos restolhos, negra
dos restos queimados
a intervalos absortos as flores
de ouro as palavras* cortam
a paisagem, impostoras.

Um rosto explica este instante?
O átomo dissonante de silêncio
no ar que enfarpela?
A bolha do sonho explodindo
contra a pele, num bocejo?

Refém do instante em que escrevo,
de sono aninhado ao desejo,
vizinho do flagrante.

Amor-emaranhado, labirinto
apartado de mim pelo fôlego das rosas,
pensas, no jardim.
Dos pés na grama me ergue um calafrio,
e tudo é muro, palavra que não acende
neste anelo em que me enredo.
Para que tijolos, toda esta geometria,
que faz da paisagem um deserto de cintilações espontâneas?
De linhas retas apenas
o fio que desenrolo,
exausta embora atenta,
sem conhecer a mão
que o estende na outra ponta.

Árvore de fogo, chama negra,
labareda sob a qual me agacho
em reverência,
pés descalços sobre um chão tão árido
quanto íntimo
(depois de abandonar *cumulonimbus*,
a luz aparente, ninho
do temporal).
Flor do segredo quase extinto
sua dança irrefletida
destrói, estala nas ramas,
resvala, em cabelos, num céu.
Terras ou rebanhos desdenho,
possa deitar-me entre as tuas raízes,
feliz e
imaculada seguir
o caminho do que te alimenta.

à poesia

Por que você me abandona
no vértice da vertigem
quando a chuva cai (um Magritte)
sobre rosas que desistiram?
Por que novamente me perco
entre hortênsias, no aclive,
mais altas que homens, mais vivas
que o Exército de Terracota?
Sem você eu caminho no plano,
tudo escorre
— há um silêncio aturdido
uma cota do que morre
por dentro daquilo que brota.
Sem a sua luz, o que me resta?
Palmilhar às cegas
um quarto de veludo
onde o espelho, mudo, assiste
à fuga do que reflete.

O que não fala
esbarra
na palavra, parte
em outra direção.
O que não
fala arfa no ar da sala,
toma a casa,
vaza pelo vão
de cada janela sonsa,
que nem disfarça.
Apalpo o que não fala:
no avesso do vidro
rente à ameaça
da chuva, indiferente
à nuvem
que desaba de um céu torto.
Horto do que não fala,
seu *quase* ardente: sarça.

Página oca
olho que destoa
da expectativa
de tornar cativa
a asa liquefeita,
a mão-anêmona
abrindo o leque na arena de fogo branco.
Fala sem agulhas,
dedos cegos não furam
a tenda da pele onde estala
a flor aceita,
acertada,
que não se nomeia e,
lenta, calcifica.
Desterro ausência
superfície sem interferência,
vida boa despendida.
Pelo ralo do olho
tudo o que não recolho escoa,
desmorona.

Não no sono.
Na vigília, tão pouco.
Não no som.
No silêncio: equívoco.
Entrementes, nos parênteses do pensamento,
branco.
No quarto do por-enquanto
antes do já.
No vácuo que vai
do segundo em que uma nota
cai
ao lugar onde uma nota nova se afirma.
No vale que se rarefaz,
onda a onda,
lugar-nenhum que me ronda
como o halo de som às notas da partitura:
no escuro,
talvez música.

Desprego as estrelas,
deixo que elas
rolem céu abaixo
soltas do seu facho
frio, iridescente,
ricochete rente
ao chão adormecido.
Cobres,
estrelas de pobre,
moedas
que dobram na queda,
vão metal.
O mesmo que falta
às nossas mais altas
intenções, e nos deixa
(é sempre a mesma queixa)
nesse vai da valsa:
com as mãos repletas
de palavras certas,
de moedas falsas.

Meteoros.
Fúrias riscando o céu.
Estrelas despregadas caindo em estardalhaço.
As folhas de flandres de um temporal,
sem intervalos.
(Imóveis, no leito,
seu olho embaraçado ao meu
a mão
no meu peito.)

a Novalis

Ainda úmidas sobre a folha,
orvalho escuro que pousa
na pele,
imperiosa e nua.
Mal desgarradas da pena,
cada pequena curva
tatua as ideias na superfície ácida.
Isto imagino,
se te vejo debruçado
sobre a mesa o penhasco
olhos anoitecidos
despencando no hiato das ventanias.
Isto, enquanto imprimo
os teus *Hinos à noite*
nestas folhas ordinárias,
palavra por palavra coagulando
na brancura ininterrupta, saídas
da boca da máquina
como uma carta pela fenda da porta
duzentos anos mais tarde e
úmidas, ainda.

Conhecer,
*não estender uma ideia
na mente*, não como ler
— a não ser como quem, lendo, sente
o bafo das palavras rente ao rosto,
prende a respiração.
Tocar, percorrer o encaixe,
de cima a baixo,
de trás pra frente,
sem um senão.
Como a palma da sua mão,
a disposição dos pertences num quarto,
os nós, renitentes, nos sapatos,
a voz
de quem se ama,
quando essa mesma voz derrama numa mentira.
Chão indiferente em que se pisa,
exilado da inocência.
Pão, que se come,
de abraços,
repleto de embaraços,
no resgate de uma ausência.
Água ardente do que se experimenta,
lívido, sozinho
(o *quem* de dentro
não perfaz caminhos:
tremula
em seu remanso
fogo manso
que o dia não anula).

para Vera Cabral

Até onde a respiração me leve,
onde o último grão de ar
põe sua vírgula,
as costelas fecham o leque,
mínimo nó de escuro que me ocupa,
onde a dor dá o seu melhor
(corre o rastilho
do músculo estirado,
no atrito que o corpo reconhece
até a origem da primeira dor).
Dali onde o que eu sou formula
sua pétala de nula pertinência
contra as asas, as patas
do nunca e do ninguém,
desabaladamente flutuo.

Dentro do pescoço
o poço, vazio,
caindo intempestivamente
até que o fio
da expiração se estique
o ar arrebente o dique
do que insiste em ser
oco, ainda um pouco
mais, reluta
frente à onda absoluta
de agulhas de luz que infesta
como insetos a uma fruta, o peito
— como o fogo a uma floresta.

O azul neófito próximo ao violeta
das flores suspensas na trepadeira
tramando com a música um primeiro adejo
de salto (ou véspera) dentro do peito
— não a cor, nem o som, a camurça da pétala,
mas tudo isso junto, somado à completa
cordura e ao espanto da coisa qualquer
— na borda das palavras,
tentando não morrer.

O princípio da poesia
nas dobras de uma palavra
(viés de dulcíssima
rosa) onde pousa
o pólen do nada.
Fuso de prata que a mão,
submergindo,
ilude-se agarrar.
Rosto de relance
perdido (definitivo) na cidade,
na avalanche.
Ácido — má viagem.
Vertigem ciclotímica de anular-se.
Olho cego, surdo, mudo
de Dédalo,
enreda pétala a pétala o seu botão de fracasso.

A serra elétrica das cigarras parou.
Tão de repente que o dia,
que ela partia em dois,
num estalo deitou ao chão suas metades.
Ficou só esta poça de silêncio,
indiferente,
um tremor de alfinetes ardendo
dentro da caixa
de onde se abre o *quem*.

Então é isso:
essa série de imprevistos
rondando o imaginado
enquanto em alguma baía,
istmo ou íntimo
acidente geográfico
uma cerejeira, inteira em flor
queima de abelhas,
arma o seu buquê de ruídos.

Não a garganta
— o grito, cortado
canta.
Mais do que a boca,
a voz, rouca, amordaça.
O corpo,
presença que se perdeu
como uma roupa rasga.
Nudez fechando
pétala por pétala forrada
do espinho
que não conhece como seu.

Margaridas
não duram mais que um dia.
Tontas, cabeças coroadas
pelo sol, pupilas prontas
para o olho cego e só
que se derrama, inflige
luz pólen chama
sobre seus rostos,
flores estúpidas.

a um crítico

O espelho frente à janela
no quarto a persianas fechadas
(superfície indiferente
de sua água, lâmina
de silêncio, intacta,
Deva contemplando o nada)
não viu
o vento a desatar as tranças da samambaia,
o céu, rasgando de cigarras,
a ponta frágil da asa alçando ao sol.

Céu fixo que se escalpela
de nuvens, nitidez
de contornos assaltada
por essa luz, sem embuste.
O limoeiro carregado enruste
— amarela, muda —
sua explosão no declive.
Tanto quanto este caderno,
onde esperam outras frutas
de carga solar, e perigo.

Teia de aranha, galho seco da roseira,
quem sou?
Luz calçada em alpargatas de prata
rapta as flores da fronha,
quem sou?
Pássaro que mora na neblina
destila seu canto de água limpa
— longe, sozinho —
me diga quem sou.

Vencida pelo perfume das rosas,
partida
pela investida dos violinos em rasante
desequilibrando a sala,
partida
como um graveto estala
em algum recanto do corpo
e deflagra o que não se decifra.
Descida no curso de um susto
entremeado de vertigens
(a meia-pálpebra, o rosto dissimula)
nua, sem bússola ela emborca
mergulha
afunda
na delícia da derrota.

Dalí e seu relógio que escorria
sabiam desta flor desperdiçada
pétala a pétala, dia
a dia, sobre a monotonia
e o tapete?
No aquário da amabilidade
(sirenes cantam lá fora)
há o que zumbe e o que consome
o ar, rarefeito, no peito
que encolhe. Sem o chicote
de um vestido ao vento,
rasgo de vermelho revérbero no quase,
erro desabalando o impasse
— por onde escapar?
Do soluço em branco preso na prataria,
da surpresa tonta zumbindo entre as peras,
lenta asfixia em que tudo se desgarra,
dia após dia,
na fileira de pérolas bizarras.

para Luisa

Pequeno pássaro sem presságios
íntimo do meu (em desabalo)
no seu peito bate asas
não como quem quer voar,
como se incita uma brasa.
Sem fôlego, em *fast-forward* sigo
o filme contínuo do seu sonho
que um dia vai desabar em choro
no travesseiro, primeiro
erro de amor (que passa), a
amiga escassa,
entre vários dissabores
a se provar no escuro, em claro.
Dos grandes perigos te poupo
se te pouso
na palma das mãos enormes.
Por ora, olho a vida e seus labores
que dormem em intangíveis promissórias
enquanto a penumbra recolhe
seu sono de flor do algodão.

Fugitiva, às vezes num meneio
de crina ela avisa
a que veio — compasso
intransigente na campina
na hora em que a campina entorpece.
Sol a pino não escurece
o brio do galope,
o tresvario irritado do passo.
Se o choque dos cascos no terreno
ou coices do lado de dentro
do peito, quem sabe?
O ritmo nunca amacia.
No arranque, sem panóplias,
ela abre (contra-
cópia de si mesma)
essa alegria do embate
(coração debruçado no vento).
Espreita o caçador
na borda do pensamento
e no quarto estreito acorda.

(dia das mães)

Escrita,
é sempre você quem me resgata
do limiar do iminente nada
que borbulha
em camadas de pensamentos perigosos
e palavras,
cepas resistentes à droga da vida.
E no peito, que quase não respira,
(sobre o qual de bom grado recebo
o anel que aperta)
ouvir florescer
o buquê de promessas.
Assim, rainha
— tão descalça quanto um rei de carnaval —
sob os pés os paetês de brilho fácil
se extinguem ao passo
que a cabeça-balão-de-parada
a cada meneio exibe
o sorriso do enforcado.

Quem, sob os cabelos,
com uns olhos que imitam os seus,
com uns dentes mais novos
entrelábios naquele rosto
sem qualquer propósito,
exposto ao sol da urgência
numa praia no vento
entre lonas coloridas
rente ao momento em que um planador atravessa a fotografia
podia supor, ouvindo o ruído do motor
(como eu posso, agora)
o que estava trazendo, dia a dia,
de dentro, na caixa-preta,
cercado de silêncio como por
pétala, do olho da claridade
e sem qualquer certeza,
em contrabando
aquele estranho
até me encontrar, hoje, aqui?

para Bitucha

Se cada hora tivesse
a intempérie das palavras
caindo entre camélias num jardim que foi perdido,
o retalho de universo contido
no retângulo de chão
onde o som de um piano
simultâneo à constelação
de grãos de poeira paira,
aflição de uma tarde que nunca se gasta, mas
       enfuna
            rasga
                 vaza cigarras
como uma lava (cheia de pontas)
como o que se derramava
do meu peito sobre o seu vestido
(jérsei florido)
em pé, impreterível,
às cinco no portão
— para, mão na mão,
subirmos a ladeira até a casa
enquanto a noite-lagarta
larga o casulo
desembrulha as asas
desata o azul-trêmula-prata
por cima das nossas cabeças.

O solavanco no estômago
começa num país diferente
(é sempre o choro, ou a tosse)
e cravado com rajadas de alfinete
o corpo é súbito, indócil.
Levanto do colchão pisado
onde sonhos *flores suculentas*
e na travessia trêmula
mal consigo intuir
em que berço ou cabeceira
a contenda entre corpo exausto
e algum mau pedaço do dia se dá.
O sono-oceano
inclina as paredes do quarto
onde crianças *naufrágio*
e minha voz-âncora.
Os olhos secos derivam:
abandonam o cenário lúcido
com ganchos a nos suspender da incredulidade
pelo vaivém confuso
de vozes vagas, e a minha.
Discernem agora:
coisas de fora,
que não sabem ser vistas,
coisas de dentro *cristas* afloram
na orla do pensamento,
avançam,
tomam do escuro seu nome.
Inútil voltar à cama,
se te transponho, hora branca,
mancha de silêncio na floresta do sonho.

Tubérculos nos joelhos,
a pele verde, o
espelho inconciliável
— corpo traído, ricto
alheio, na distração da saúde.
O cálculo, o veredito,
a coleira dos dias em ajuste,
os amigos, fala em atalho
(mas eles não sabem o que fazem)
a despedida do filho,
você transformado naquilo
já nem tão vivo, mas impossível
de lamúria.
A certeza da cura
por insana, por golpe da vontade
(como na infância a palavra
a executar sua didascália)
só para despir a esperança
como uma mortalha,
as migalhas do medo na mesa
do almoço, o estilhaço do medo
no corpo, transporte e presa
de um segredo.
A morte trem-expresso,
sua vida o vilarejo
sem parada nem remate.
A dor, o exército da dor
sorrindo frente à debacle
do corpo, agora obediente.

A desistência, o sono engavetado,
a noite vomitando suas flores de preságio
a flor da febre
estirando raízes sobre o leito de agonia
— então discerne
pelos olhos-gelosia a latitude da luz,
rasgando o pesadelo
e o dia,
trazendo saúde.

Uma cor que se macera
como a flor, a pétala
da pele arrancada,
lasca de pele, o mapa
pervasivo à luz.
A miríade de pelos acesos
na luz fria, bulbos germinando,
e os azulejos não se responsabilizam.
A pinça deposita este recorte
da sua vida sob a lente
e o que é cinza e o que,
rosa, esboça uma trajetória,
na minúcia das veias não esgota
(nem tampouco as fotos nos jornais)
sua alegria tonta,
cachorro no suéter,
azul de éter na manhã de inverno,
o olho esperto antes da mão
depressa
dentro da dança tocar o seu cabelo,
pernas intrépidas
riso sem governo,
na bicicleta de vento e salsugem;
e então mais perto do acontecimento,
você na véspera deitada nas nuvens
lembrando o beijo
de depois da festa,
debaixo das cobertas
o coração aéreo
em cima da mesa
o seu caderno aberto

para Mena

A notícia abriu à força
as persianas do peito
e as asas que vinham de fora
e as asas que iam de dentro
terminaram por se ferir.
O corpo, sacudido,
não podia mais voltar pra casa.
Todo um infinito
de coisas, momentos com ímã,
ficou rodando à deriva
no espaço tenso
em que o silêncio,
um gás lacrimogêneo, insiste.
Menos no reduto
onde o luto resiste,
essa flor que dói,
não para de se abrir.

para Ana Teresa Jardim

A orla branca
de uma ideia
a curva exímia
da palavra
escorrega nessa seda séria
até a fava.
Que, dourada, se apruma
contra a mão, a rapina
do ar: antena
com que filtrar o insone?
Luz alçando em mera coragem
no encalço de tudo o que some?
O copo-de-leite
transborda a paisagem
e a consome.

Na hora em que tudo termina
a flora em fósforo enquanto
o canto do sapo é o canto
de um sapo ainda mais triste
— o que resiste ao serrote do delírio?
Hora em que o lírio adquire
um brilho íntimo, ímã da nostalgia
do dia, que mal e mal se despe.
O pinheiro, anjo surpreso,
de pé no escuro de trevos
entorta, com as ramas,
a copa cheia de céu
emborca,
derrama.

Que luz azul é esta que reclina
atenta, no retângulo da cama,
percorre cada filigrana (e rima)
na trama de arabescos da colcha?
Afrouxam-se os meus braços e a rapina
do coração se afrouxa
frente à boca imensamente muda
na tarde igual a todas as outras.
Igual. Sem um mínimo enlace
entre rosa e rumo
no rio onde rolam as coisas fáceis.
Nada, em resumo, que assombre
(se ela inclina) a grande face.
Que vê, ouve e
conhece tudo — ou quase.

Da banda dos metais operosos
sobe um tinir, um retinir caduco
— a tosse aguda do serrote,
o mote renitente, cego,
do martelo, quente no prego.
Agora a serra dispara
o ruído que espirala,
quer chegar a um lugar mais alto,
mais raro — feito de ar.
O canto só se interrompe
de encontro ao tronco do eucalipto
(no atrito que desce um tom na escala)
e rasga a tarde esticada com um grito.

O que mora em minha boca?
O espinho do cardo.
O que suja meus olhos,
alijando a rosa?
O que cai, fora a chuva de uns cabelos,
no quarto, e enferruja
a tudo que toca?
O que se aloja atrás do espelho
entre vidro e aço
e recusa a outra face,
e malogra?
Que suspeita resvala
sua asa de mariposa
no intervalo
entre coisa e coisa?
O halo se esvai na tarde ociosa.

Os sapos martelam na noite
um sem-número de ideias ruins.
Sono em que não mergulho,
lugar-nenhum com vidraças
onde asas de mariposa,
traças se esfarelam.
Arfo entre chocalhos,
entrecortada de sonhos,
o sangue avisado e pronto para partir.
Alguma coisa se empluma
na véspera das pálpebras que tombam.
Ideias desmoronam, um maciço.
Isso que suspende
sua tenda sobre o silêncio são grilos?
Flautas tímidas acendem.

Primeiro as franjas de papel-metal,
dedos maus fustigando a tarde.
O ar de gasolina arde
enquanto você enche o tanque.
Depois os restos mortais
de uma placa — cega, muda —
dançando conforme a música
do vento, naquele sinal.
E agora este pôr do sol
sobrenatural de tão rosa
desaba sobre o asfalto sem rugas.
Viu as nuvens?
(pescoços de ganso
que esticam no espanto da fuga).

Cães que uivam, não para a lua
— ao meio-dia.
Cães, numa angústia canina,
rasgando o ar empoçado
na cuba de marasmo
que flutua entre as esquinas.
Rasgam melhor com a voz
do que os dentes
a coisa nua, doente,
que o sol oculta
mas presencia.
Está dentro ou arqueia
sobre a cidade dopada
e cada vez mais estranha?
Lateja sob o tampo
da tarde que estupora
(no céu o avião pôs um risco)
vermelha,
de entranhas de fora.

Feijões arrancados da fava,
carcaças das conchas
sobreviventes das últimas férias.
A tripa de papel encardido,
abas roídas,
à espera de cumprir sua promessa.
Pedras, grampos, tampas de garrafa,
toda espécie de quinquilharia plástica,
toda série de insignificâncias que se seguem
como frases,
com banal felicidade,
unicamente iguais.

O torneado hábil das palavras
o dissonante vão das consoantes
não podem mais — nem por um instante —
buleversar o meu pequeno alento.
E já nem tento, ainda que fugaz
fosse o prazer no momento do encontro
satisfazer com tais materiais
minha volúpia pelo contratempo.
Abandonar o ritmo, eis tudo:
mudar de logradouro — ou de logro —
que isso de escrever é jogo
perdido de antemão, no mano a mano.
Mas sem ressentimento: o mais são nuvens,
e todos os poemas um engano.

O náufrago

No escuro sobre o vazio
sem o feroz feitiço
do exato, exausto
me estico no penhasco,
roto, desacreditado
de um possível ganho no encalço
de tudo o que é fugidio.
Eu me desaproprio
daquilo que tinha por meu,
me escuto uma primeira vez,
estrídulo, estranho.
Se desabotoo por dentro,
o frio, ao menos,
me dá a impressão que eu existo.
Nu e em desabalo
(íntimo, que não me movo)
desfio o percurso de novo,
procuro nos intervalos
onde dorme a explicação
o hiato de titubeio,
o desvio inevitável.
Até isso que formulo
se esboroa e se anula
agora que o enuncio.
Nada me avia.
Queimo até o fim o pavio.

Margem de manobra
[2005]

Ao vê-la esplêndida e sozinha, compreendemos
Que nunca houve para ela outro mundo
Senão aquele que, ao cantar, ela criava

> Wallace Stevens,
> "A ideia de ordem em Key West"*

Vivemos quase sempre fora de nós, e a mesma vida é uma perpétua dispersão. Porém, é para nós que tendemos, como para um centro em torno do qual fazemos, como os planetas, elipses absurdas e distantes.

> Fernando Pessoa,
> *Livro do desassossego*

---

* Trad. de Paulo Henriques Britto.

MARGEM DE MANOBRA

Sítio

O morro está pegando fogo.
O ar incômodo, grosso,
faz do menor movimento um esforço,
como andar sob outra atmosfera,
entre panos úmidos, mudos,
num caldo sujo de claras em neve.
Os carros, no viaduto,
engatam sua centopeia:
olhos acesos, suor de diesel,
ruído motor, desespero surdo.
O sol devia estar se pondo, agora
— mas como confirmar sua trajetória
debaixo desta cúpula de pó,
este céu invertido?
Olhar o mar não traz nenhum consolo
(se ele é um cachorro imenso, trêmulo,
vomitando uma espuma de bile,
e vem acabar de morrer na nossa porta).
Uma penugem antagonista
deitou nas folhas dos crisântemos
e vai escurecendo, dia a dia,
os olhos das margaridas,
o coração das rosas.
De madrugada,
muda na caixa refrigerada,
a carga de agulhas cai queimando
tímpanos, pálpebras:
O menino brincando na varanda.
Dizem que ele não percebeu.

De que outro modo poderia ainda
ter virado o rosto: "Pai!
acho que um bicho me mordeu!" *assim*
que a bala varou sua cabeça?

Mira

Pena
sobreposta às veias,
pousada sobre o papel
onde a teia se enreda
e desenreda,
e cada palavra cumpre o curso,
a maldição,
agarra-se à outra,
empurra a vizinha
no atropelo,
amesquinhada ou generosa,
mas: definitiva
— ou antes,
definindo-se neste exato instante,
nesta superfície,
coágulo no vácuo entre
o que disse e o que diria,
e este é o tema:
sob a mira de
uma grande pena
a cabeça explodida
de uma (ah, sim,
novamente) flor.

Queda

Corpo, precipício
em que desabalar-se
sem rédea, poço sem
resquício de água, férrea
determinação de escapar,
ileso, da queda inconclusa
(enquanto o elevador perde o freio
dentro da blusa e só para
a um zilímetro do que realmente interessa).
A nossa pressa em jogar por terra
os argumentos (luva
em convite ao duelo),
partir, com dentes e unhas,
para o sequestro dos sentidos,
destros porém contidos,
cegos embora atentos
lentos, soltos no abandono,
um dentro do outro caindo
sem nem um segundo lembrarmos
(ou esquecermos)
quem somos.

E ela soube que tinha sido atravessada por uma trilha luminosa, varada, instantaneamente, de um quadrante ao outro, por um clarão fugitivo que o pensamento só podia seguir no encalço.

E o que havia ali para ser entendido, era o corpo que entendia — num viés absolutamente novo, onde as imagens se estendiam sobre as sensações — ou, antes, se enlaçavam a elas. E a culminância para onde ela (em cada um dos seus corpos) convergia, ao abrir-se em pétalas, tornava inseparáveis a queda aniquiladora do seu próprio corpo, entregue ao corpo que estava ali, e o vislumbre, simultaneamente doce, do outro corpo, ausente.

Tudo a perder

O que se ganha com tanta dureza,
que moeda cobre essa aridez?
Tufo de anêmonas na folhagem
(a imagem no poema),
rasgo de alegria dentro do dia,
sem interesse em pedir comissão.
Tudo é comércio.
E o mundo, reduzido à sua matéria,
é oco e sério como um corpo largado na cama
(que não se ama), consumido.
Eu quero os momentos de oásis,
cada vez mais fugazes,
da infância.
Mas até as palavras embaçam,
põem tudo a perder.

Opaco

Obscura aurora desse corpo
na luz desacordada.
O que, além de mim, desperta
no quarto vago, vaga
entre a onda iluminada sobre a hortênsia
e o pensamento, opaco:
mais um dia a atravessar do avesso,
comendo pelas beiradas
a papa fria das conversas,
as caras de tacho e borracha
chapadas contra o meu céu
(onde boiam as coisas de verdade:
espirais de fogo,
sua boca contra a minha,
as palavras do sonho, que perdi).

Em Sarajevo

Na primeira foto ela ri,
selvagem,
e se mistura às amigas.
Um ano mais tarde,
posa com as mãos no colo,
coluna reta,
os pés cruzados pra trás.
Por dentro do uniforme pressente
uma mulher, a passos largos,
galgando as ruas de grandes cidades
— quem sabe no exterior.
Quando a vi, ali, distraída,
na escada do ônibus escolar,
nada me preparou para suas pernas abertas,
no meio a flor dilacerada
repetindo, entre as coxas,
o buraco da bala no peito:
um *dois-pontos* insólito.

Cão

Quem fala
quando acabam as palavras
não verte a lágrima
desnecessária
pelo que foi
— aguarda,
pousada no fio da navalha,
na ponta da agulha,
(*em cujo olho nem um camelo passaria,*)
enquanto em volta tudo ruge e
rodopia (*o que dirá um homem*)
até que o mundo outra vez se assenta,
a chama doma a própria fome
e na gaiola escura
o coração volta a latir.

Sob o toque da luz do dia, sob seus dedos *papoulas em sua primeira floração* meu corpo inteiro se abre *é o amanhecer, após uma longa noite durante a qual ela anestesiou cinco soldados* — ondas que assomam, viajam, *todos para amputações* esplêndidas, opalescentes, do centro do coração até o ventre, pequenos feixes de agulhas, (*dois tinham morrido*). *As papoulas parecem* quentes, opiáceas, *uma mancha na encosta, disse ela,* generosamente distribuídas *parecem sangue* para minha delícia, por toda a extensão da pele.

Granada

Na última noite
os corações se encontram primeiro.
Dentro do tecido e do peito
dispõem-se a acertar o passo
(código morse toque a toque decifrado)
até que o jorro
ouro-vermelho sobe aos lábios,
dispara o beijo
em alta velocidade,
despenca ladeira abaixo,
acendendo os entrepostos no caminho.
Quando as palavras finalmente se apresentam
(ruídos, balbucios),
estremunhadas em meio ao motim,
sob impacto de granada (sua fala),
o sonho explode.

A escada de Jacó

Ela estava rindo
— e gargalhava, até —
antes do choro convulsivo
ante o relance
de céu adquirido — pelo corpo?
Sim, o corpo era o caminho
mas outra coisa nela se movera
e agora erguia seu rodamoinho
pelos canais,
enquanto o corpo, outro,
tiritava, transitava sem piloto
do nulo à súbita doçura,
ao tigre, ao terremoto,
à menina que ela tinha sido
— perto demais da zona de perigo,
perto do exílio —
e, um segundo atrás, a escada,
os anjos subindo.

Santa Teresa

Azul explosivo
verde lancinante
e o sol, onipresente,
halo
na cabeça da mulher escalpelada.

Meditação

As copas das amendoeiras
acenderam em silêncio
(*pensamento iluminando-se por dentro,
colado à sensação*).
Sob a luz reclinada de Setembro,
um corpo,
espaçado, desatento,
atravessou a rua (*seu rosto
interpôs-se ao curso livre das folhas
na superfície inalterada da água,
da mente em trégua*).

Rol

Na noite sem remédio,
no quarto cansado,
o casal repete a cena:
despe se enlaça
debruça molemente entre cobertas
sobre as partes encobertas
pelos retalhos puídos do dia.
Debruçam sem ruído,
sem sede,
atrás da coisa ausente
que não se perdeu de repente
num estrondo
(rasga no uso diário,
meia esquecida
no armário, desgarrada
no rol da lavanderia).
Repete a coreografia
— *pausa para reticências.*
No último instante atenta
(antes que a onda do sonho,
em câmera lenta, recaia
sobre seu corpo)
ela relembra o convite das flores:
tontas de abelhas,
brotando feridas no tronco
do pé de fruta-pão.

... entre pernas, entre braços, passes e recuos falsos, mais embolados do que seria plausível, movimentos de improviso surgem e se sustentam carregados no seu curso, dentro do rio de energia (lúcido), mas mais ainda que isso, enovelados no íntimo, distraídos de quem foram antes de entrar neste circuito (ou círculo), os dois flutuam (caem) sem nunca deixarem de estar dentro do corpo (corpo que mais uma vez se empresta a esta descoberta), a superfície do corpo, sua densidade manifesta, a solidez com que transporta as sensações simultâneas das portas dos sentidos até o centro escuro, interrompe o pensamento no ímpeto alternado que concentra e dispersa, pele colada à pele, atenção colada à experiência, distribuindo a inteligência em diferentes direções (estrelados), cada estímulo alinhavado reverberando no plexo, côncavos, convexos, sem o menor intervalo ou qualquer outra palavra de igual afastamento, a um passo da completa anulação até que eu e eu explodem numa coleção de estilhaços, entre pernas, braços...

Homem: modo de abrir

Com os lábios e com a língua
e qualquer palavra que sirva
para a imagem a ser descascada:
uva túrgida,
autossuficiente,
súbita inclinando-se ao
verter do próprio sumo
se adequadamente envolta
pela boca
sábia que adivinha (conhece?)
a concentração de urgência e
doçura
dormindo, agora, ali.

Margem de manobra

Eu me cubro com o *A* da palavra farpada
eu me cubro com o *A* que traslada
(e a memória é a ignição de uma ideia
sobre dunas de pólvora).

Eu me deito na décima terceira casa,
eu me deito sob a letra de mãos dadas
M: escondo entre escombros
o sentimento que sobra.

Isto, sim, me comove,
o anel, quando soa
e engloba, envelopa,
remove a pessoa
— letra *O*, de vertigem e pó,
que soçobra.

Eis o despenhadeiro,
gargalo da fera,
eis o *R* que trai, apunhala,
desterra — eis o último tiro
sem margem de manobra.

NO AGORA DA TELA

> *Uma fruta, uma flor atingem o ponto máximo de intensidade de cor quando elas atingem o limite, quando no dia seguinte já vão apodrecer. É um pouco isso: fazer a cor atingir essa plenitude antes que ela desapareça.*
>
> Paulo Pasta

Digital

Cor, que houvesse,
como o contraste
em que você se insere
de azul-cerúleo e
vermelho-Giotto,
pontificando, em fogo,
à esquerda, sob a janela
por onde a luz estoura
e reverbera,
marinha, matinal,
em eco aceso, no seu rosto
enquanto o encosto do sofá
(primeiro plano) inunda
o retângulo desse *snap-shot*
em nada ambicioso
cujo tema, desconhecido,
só posso abordar no negativo,
pelo contorno.

Janela
Edward Hopper

Ora a luz se deita
em tigre cansado
— não esta figura;
atmosfera que a si mesma regula
(como entre pálpebras
a fresta relembrada de mormaço).
Ora a luz assola,
surda, em cutelo.
Nos limites que simula, as formas,
aflorando do mergulho,
plantam suas patas na zona de sombra.
Mas a luz respira
presente no agora da tela
e ainda vinda de fora,
rasgando.

Assim que sua boca nomeou o desejo, alguma coisa pôs-se a subir, ondular rosto acima — sequência de labaredas sem cor, imateriais, sobrepondo-se à pele. Os olhos de febre, o nariz de rapina, os lábios finos, até ali sempre um tanto apertados, eram varados por aquela vibração que ascendia, de modo que seu rosto, apesar de visivelmente de carne e osso, fazia-se menos presente — paisagem vista por trás da água que evapora.

E o que ela ouviu ali, reconhecido, abriu seu corpo em espanto (tendo sido, por um tempo infinito, acolhido e cuidado e posto a salvo de intempéries sem qualquer garantia — além da sua própria verdade, a doçura dilacerante que é a força das coisas em existir). Não pela surpresa do sentimento; mas antes, pela reversão da antiga expectativa: ver outra vez o que era inteiro, esplêndido, raro, ser negaceado, encoberto por palavras difíceis, cheias de espinho.

E ela assistia a tudo aquilo sem poder se decidir entre a euforia e a desconfiança — uma maltrapilha paisana a quem a vida, de repente, tivesse dado a chance de presenciar (de um lugar bem alto e seguro) a decapitação do imperador.

Cinabre

Burla,
toda tentativa
de amortecer tua chispa
quando me sobe à mente
teu rosto, envolto no escuro,
e o corpo, em cinabre.
Na contramarcha do dia
e sua tropa de acontecimentos
mil vezes cometo o deslize
e te recebo, entreato
de dois pensamentos
no instante esquivo
que dissipa o mormaço.
Lembro o teu nome e
coisas explodem,
o sangue dá uma guinada.

Vaso de vidro

a um pintor

Vívida, em primeira mão,
a explosão imóvel dos lilases
feitos só de cor e sub-
cor — em golpes ágeis
(vigor do gesto)
a tinta torna-se flor,
o vidro, transe de luz.
A coragem do pintor:
despir, a cada toque na tela,
a flor da *forma-flor*, fazê-la
cada vez mais *ela*.

Os amantes sob os lírios
Marc Chagall

O casal (dizem) está debaixo de um arranjo.
Mas os lírios e as rosas e as folhas furiosas
se esparramam de tal modo, em tantas direções,
que a explosão vegetal faz pensar num desgoverno
de ideias, de cabelos (um chapéu sem cabimento,
um adereço de carnaval).
Meio oculto pelo arbusto florescente,
o homem mergulha inteiramente na direção do beijo:
olhos velados, braço-antebraço sustentando-lhe o busto,
lábios quase tocando os da mulher reclinada.
Ela, entretanto, com a boca e os olhos abertos,
inclina a cabeça, talvez com o mesmo susto
de um peixe sem ar na superfície da água,
de uma flor voltando o rosto para o sol.

Deserto com sombra negra e montanhas ao fundo

Branco intacto
sob asa de negror absoluto
— grafismo de tal modo agudo
que é quase fruto de um projeto
(ideia que o leve soluço
— tremor da linha —
entre côncavo e convexo
vem corroborar).
Um triângulo invertido
varia em sombra e textura
na altura intermediária
(areia pisada pelo vento,
encapelada como se água fosse)
e estica o nosso olhar
até o aglomerado das montanhas
que a essa altura se levantam
(cinza esmaecido na distância)
vigilantes, maciças.
E lá de cima pende a faixa estreita
de um céu enfarruscado onde
as nuvens, a seu modo, respondem
ao gesto da areia mais embaixo,
coaguladas em lucidez,
mais rarefeitas.

Vermelho

É com este rosto que te olho,
voltada para a luz:
testa aberta à aterrissagem
das imagens,
enviadas à distância,
olhos de levante sob as alças de mira
das sobrancelhas, boca na fronteira do sorriso,
em segredo, sem certeza,
cabelos em labareda
queimando com mais ruído
do que a queda da cachoeira ali ao lado,
e, na convergência dos meridianos,
a meia distância dos peitos,
(dentro e no meio,
como à sombra de alpendre)
o pano enrodilhado, vermelho,
cheio de querosene.

Tulipa da Turquia

ranhura na folha em branco
sem perfume nem cor
agregando ao seu redor
um vermelho régio
— tal como a nódoa
que a mais nova esposa do sultão,
ainda esta noite vai deixar entre os lençóis.
Ou pende, exausta,
sob a contemplação infinita
(e no entanto, o rapto não se arrisca:
"*Pintar é um ato de posse*")
do grande mestre holandês.
Se te imagino, escuto
(moeda de encantamento
num comércio sempre escuso)
lábios lentos percorrendo
o bulbo das suas vogais
— mas no fundo te sei muda,
irredutível e muda,
flor de estufa da ideia
que ninguém mais pronuncia.

Amarelo

Quase incolor
— assim o seu contorno
entre os grumos do meu sonho.
Nada de amarelo: âmbar
— assim o seu sorriso
dourando a voz que descamba
montanha abaixo,
entregando os pontos,
o ouro ao bandido.
E agora é a vez do seu corpo,
maturado pela espera,
sucinto na promessa
de hidromel e alvaiade,
a ser vertido ao nível do mar
— *todo claridade.*

Ele era todo liso. Completamente — e ela não dizia isso pensando apenas na ausência dos pelos nas pernas, nos braços, no rosto quase imberbe (e nem um pouco menos másculo), na maciez que se distribuía, de maneira contínua, por toda a extensão do seu corpo, glabro. Pois dele era o dom: uma espécie de concisão não contida, uma uniformidade que, em si mesma, nada tinha de rígida. E no esforço de aproximar-se mais e melhor daquilo que experimentava, ela só conseguia pensar em água — água tépida, macia — e na sensação de boas-vindas com que uma água assim nos acolhe.

Não era o caso, no entanto, de uma água derramada, espargida. Ele era liso como água, sim, mas água verticalizada, massa líquida que se pusesse de pé e em movimento, ao mesmo tempo contida por um invólucro flexível. (Ela escolhe dar a isso o nome inevitável de pele). Sua pele avelanada, quase atemporal naquela falta de aspereza. Pele castanha, "cor de havana".

Diurno e envolto em panos ou nu, deitado ao seu lado — a qualidade confiável de lisura nunca o abandonava. Seu corpo permeado pelo grau de luminosidade de sua água interior. De modo que, no seu caso, a aparência tornava-se, de fato, uma transparência. *Como se algo dentro dele estivesse sempre na superfície, e mais perto. Como se seu corpo fosse inteiramente recoberto com a pele da palma da mão.*

Jardim dos Prazeres Oriental
Paul Klee

No Jardim dos Prazeres Oriental
todas as casas foram explodidas:
fagulhas e cacos de cor
pairam, em ramalhete, sobre as cúpulas.
Uma escada deserta no declive central
(ninguém falou em amor).
Duas portas ficaram abertas.

Branco

Toda vez que eu tomo banho, disse ele,
vejo a água como néctar.
(Dizer uma coisa dessas
a uma mulher no deserto).
Abro a tela sem mensagem.
Fico a sós com a imagem da água
caindo, em fio ralo, nas espáduas,
o contraste da zona escura
sobre a pele úmida, branca
(esta pele, que só de pensar
me enche o dia).
Na face interna do pulso,
onde o sangue azula,
mais clara ainda (macia,
cheia de promessa —
ao contrário da tela vazia, do papel
sem palavra).
A água é farta e cai com força
sobre o corpo desprovido de discurso.

20 de abril de 1883

No dia de ontem, Manet, o pintor, sofreu a amputação de uma perna luz declinante em que se consuma a viração imprevista da tarde *Devido à frágil condição do paciente, houve inicialmente certa hesitação* sombra confusa dos ramos, céu que se rarefaz *Um dos amigos que veio visitá-lo relatou situação semelhante,* voltagem de asas sabotada por pés que aderem à ideia de chão, *"— Se não há nada a fazer, acabem logo com isso!", foram as palavras do pintor. Ontem, às dez da manhã, o membro a ser amputado encontrava-se num estado deplorável* aceito ou inato, apenas mais uma aposta — *a gangrena havia se instalado a tal ponto que as unhas dos pés, ao serem tocadas, caíram.* O poente põe nas copas, *O paciente foi cloroformizado* de um verdoengo macio, a lucidez do que se arruína *e a operação realizada pelo Doutor Tillaux. O dia transcorreu bem, dentro das circunstâncias* — a mesma de entre visitas, no ar de anilina, sozinho, *sem qualquer indicação de complicações mais sérias* cabelos queimando no encalço do pensamento-aguarrás.

Azul

"*É fácil saber se o envenenamento foi causado pelo cianeto*" — disse o alto funcionário do Ministério de Defesa Americano, ao negar a responsabilidade pelos ataques — "*com as bombas que fabricamos, os corpos ficam com os dedos azuis*".

ACHADOS E PERDIDOS

Mas na voz que canta tudo ainda arde
Tudo é perda, tudo quer buscar, cadê?

Caetano Veloso

Todo mundo acha que é tudo sobre homens,
mas os poemas na verdade [...] são sobre
mundos imaginados.

Kate Clanchy

Praia Linda

para C. e T., 30 anos depois

O sol, comparsa,
concorda com nossos planos.
O vento, de provocação, atiça,
faz quase tantas promessas
quanto os garotos, afoitos,
nas festas que virão.
Sombra incerta,
chiado, refrega
das agulhas de casuarina.
As meninas desembestam,
pernas imberbes, no rosto
alfinetes de sal.

Pular os quadrados de terra.
Arrancar, meticulosas,
a lama seca por cima,
descobri-la úmida, embaixo.
Deitar nas palmas das mãos
os nacos, mapas de barro.

Você: olhos azuis
sobre um arquipélago de sardas.
Você: à sombra das sobrancelhas largas
cílios que a cada manhã se embaraçam
(como as pernas, compridas,
e os desejos).

Quadrantes e quadros vazios,
prontos a serem invadidos,
habitados, deixados pra trás
(como os homens, que virão).
Cabelos enfunam, desabridos
contra o excesso de horizonte.
Os dias de verão, a amplidão da salina
— tudo nosso.

Há dias, perguntando pela praia,
tive a notícia: a salina foi cercada de muros,
coberta com as casas tristes de um loteamento.

Quem, entre nós, velozes
saltadoras-de-fronteiras
podia imaginar?

Não você, no seu jardim imóvel de tulipas.
Nem *você*, trinta andares acima da Paulista.
E muito menos eu, aqui de frente pro mar,
colhendo este poema.

A casa ainda

para Mena e Guilherme, meus avós

Ainda a casa a casa ainda arde
ígnea erguendo-se enquanto
a tarde finge ser a mesma folhagens
avançam sua cota de dourado
o avô tilinta as chaves
fura o escuro que sobe da garagem
na sala de veludo o lustre discernindo a mentira
alfa o fogão alfa esmaltado
com nome de estrela idem a
cozinheira meio lunática
o leite espuma nos quadrados
mudos do chão dessa cozinha onde
mais ninguém menstrua
ainda a casa a casa ainda guarda
a pétala a ranhura o mapa a
réstia de quem eu seria
o cão grisalho as unhas
tinem no assoalho e a mangueira
esse animal hirto ferido varando
o tempo como o meu
coração esta noite.

para Dzongsar Khyentse Rinpoche

Como o ímã atrai a limalha
e as árvores desmoronam folhas
numa suspensão de luz,
quando ele fala
o ar se despetala por cima das nossas cabeças
em flores inversas, subterrâneas.
Ideias não se opõem,
nem negociam
— rodam enlaçadas
na paisagem que se expande,
desfia,
sem nunca chegar à convulsão do fim.
Assim é que o silêncio ocupa sua fala:
avança em rolos de fumaça
sobre toda recusa a se deixar conhecer.

para Jim Morrison

A sua voz rasgada
riscada em prata esgueira
pelas frinchas da tela
vara as riscas da madeira
nas pálpebras da janela
com dedos acesos passeia
em meio às dobras da calça
entre lábios (lábia) ateia
um fogo que lateja dispara
corpo acima e culmina
numa coroa de brasas.

Sonho com bicicleta e tigre

para Armando Freitas Filho

Gritando por socorro
acidentalmente
no percurso nada lisonjeiro
de corcovas de camelo, de enfiada,
equilibrando pernas, olho, cotovelo, queixo
no *quase* de uma bicicleta prateada,
língua metálica, gosto de terra
(por terra a maciez de esconsas almofadas,
deixadas, numa tarde, por mãos benevolentes)
sem volante, abalada e rente à queda,
prestes a aterrissar no plano,
coração despencando por um fio,
quando um frio arma nos ombros
contíguo à sombra do tigre.

Anfíbios, poetas

para Eucanaã Ferraz

Não o *fazer contra*,
encetando cada esforço
na direção do que lhe é oposto
(sobre a palma da mão,
o arranhão do pelo contrário);
tampouco à socapa fazê-lo
(dedos-flagelo fustigando a carne trêmula
debaixo de cambraias e mudez).
Desabrir-se:
no risco do equilíbrio,
anfíbio entre *todos* e *nenhum*.
Ao ar livre,
a olho nu.

Poeta na Capela

para Francisco Bosco

— "*Escrever é perder o corpo*" — *disse, de si para si — sozinho, descabelado, cotovelos plantados em sentinela na madeira gasta da escrivaninha, sem o intuito de ceder nem um centímetro do terreno duramente conquistado, ânimo a meio-fio, olhos a meio-pau frente ao saldo mesquinho que mais uma noite no corpo a corpo com as palavras lhe trazia: o poema sitiado pela brancura da página, nu sob a nevasca, e ele ali, trêmulo, resistindo.*

— "*Escrever é perder o corpo*" — *e riscou a frase, nervoso, em ríspidas garatujas, no canto esquerdo da página (e com uma Bic fajuta), dando uma de distraído, mas ainda a tempo de não perder o fio da ideia; até que a bandeja com o afamado cabrito baixa, pelas mãos do garçom, bem na mira do seu apetite — não sem antes esbarrar na margem de uma nuvem pairando sobre a mesa e de onde as musas (até aqui confiantes) vão, uma a uma, caindo.*

Maresia

para Antonio Cicero

Por duas vezes a lâmina manchada
(furacão no *lume do espelho*)
que o aço, ao oxidar-se, escavou.
No reflexo sobre a pia do banheiro
(onde, antes, mãos com asas
risos, beijos de manhã).
No círculo de prata
de um CD antigo
(ali cochilam, irrecuperáveis,
seis noturnos).

Olhando fotografias

para Marcos Prado

Dentro daquela moldura
as mãos, soltas dos braços,
pousam no espaço — dois pássaros
no intervalo da janela
(alguma nota em mim que reverbera).
Do pico mais inaudito
o monge olha o lago sagrado
e eu olho o homem e o lago
do outro lado do vidro
(exército invadindo a cidadela).
Debaixo dos meus dedos pasmos
vibram sílabas secretas
recém-saídas da esfera
do seu reduto imantado
(arqueiro que driblou a sentinela).
Meia-sombra meio-lume
o rosto por trás da tela
é como a palavra e seu gume
— só quando quer se revela
(assim toda imagem se funde
àquilo que em mim reverbera).

The Last Days of Disco

para R.

Olho enviesado, esperto
perigosamente perto,
movimento a movimento
dentro do ar que é música.
No apartamento aceso
depois dos confetes de luz,
do coração ao avesso
quase arrebentando
o tímpano, a caixa de som.
Meu olho seu olho oscila,
anjo de terno, febril e
quase sério,
perto, sem nem uma sílaba.
Táticas, tentativas:
pelo corredor seguimos
na direção da porta hesitante.
Nós dois deitando no som.
Seu rosto um segundo antes.

para S.

Perdido:
o plano de voo,
a planta do terreno,
o olho engatado no outro,
palavras que não foram a esmo
(as bocas diziam o mesmo
que o coração, fosforescente, no escuro).
Sem reparo,
a concha das mãos sobre as minhas,
entre os lençóis o amor
ou a anestesia, sobre o meu
seu corpo emborcado,
na mesma paisagem, confiante.
Que rasga, desaba,
pior que a floresta depois da tromba-d'água,
raízes desventradas,
crateras onde antes o rio espalhava seu riso
— tudo tão estranho e vazio,
sob o olho congelado desta lua sem alma.
Perdido.
Interrompido o pulso,
perigosamente.

Canção de Molly Bloom

para A.

"*O coração dele batia como louco
e sim, eu disse sim*"
ao mar carmesim enrodilhando
o meu corpo, às vezes como fogo
às vezes vertigem;
no abraço torto
um tronco atado ao outro
à beira do precipício,
prestes a cair.
Presteza, as nossas bocas
(até ali estrangeiras)
instruindo uma à outra
na mesma velocidade (de raio,
de alcateia) dos corpos enquanto ensaiam
o reconhecimento
debaixo do tombo dos ventos e atravessados de luz.
E "*como ele me beijou
contra a muralha mourisca*"
(que ali não existia,
mas quase rima com a lemniscata
de ímã que então se riscava
à volta do meu, do seu coração)
"*E sim eu disse sim eu
quero sim*" (ainda que muda)
e depois do lampejo de silêncio
(eu estava certa)
a sua voz
toda aberta para mim.

Amor de borboleta

para P.

Que ruptura, que desastre, destarte, nessa trama que — antes que urdidura se tornasse — desfia, desembaraça, desenovela, esboroa. Que anticlímax, que erro de cálculo, que finta, essa atenção que apenas sobrevoa, atiça e depois foge a galope. ("Como, para uma dama, aparar tamanho golpe sem que se sinta aviltada?"). *Foi tudo engano, revés, um desacorçoamento o aparente encanto reciprocado, que ao invés de inspiração trouxe malogro e dúvida e desenlace. Derrota plena e desconcerto absoluto: ao menos encontramos sucesso em nosso superlativo fracasso.*

Redoma

para J., com a ajuda de Farnese de Andrade

Boca que desconheço,
por onde a voz, envolta em silêncio,
envia palavras suspensas.
Dedos que conhecem as pedras,
acertam nas teclas, emaranham-se
em outros dedos (aranhas nos cabelos
de uma e outra mulher).
Quinas, ângulos, cantos
por onde nunca passei
— fosse com mapa ou a esmo —
e moram sob roupas estranhas,
saídas de um armário sem qualquer intimidade.
Um sem-número de coisas,
cotidianamente presentes, fiéis,
a desencantar, assim que partimos de vez.
Os passos no corredor (a casa toda vazia),
no pico da madrugada de leite e insônia.
Redoma de cristal repleta de contas
subindo pelo vaso lacrado
— o segredo (branco) do orgasmo.
Sua luminosa solidão.

O primeiro beijo

Íntimo do medo
(e não avesso a ele)
o rosto indecifrável sequer denuncia
a tropa de cavalaria
que lhe sacode o peito.
Enquanto as mãos,
na exposição do argumento,
tremem visivelmente,
ele permanece sereno, pousado
(gota de orvalho sobre a agulha do pinheiro)
no momento presente.
Daí o seu poder deriva:
de não querer domar a coisa viva,
mas cavalgá-la com graça
(o corpo não se opõe ao desejo).
Ele é dono do seu medo,
e o abraça.

OS DIAS DE ENTÃO

Cidade bombardeada
(Tibete)

Acima da cidade bombardeada
a multidão de nuvens peregrinas
aglomera-se, superfície longínqua,
tão unida (embora menos densa)
quanto a meia-lua de pedras e escombro
sobre a qual está suspensa.
Atrás do semicírculo a ampla
cadeia de montanhas se estende,
intercalada pela sombra
das nuvens que se movem
num exagero de horizonte,
de silêncio, (indo do cinza ao branco,
ao cinza-chumbo, ao negro)
ferida, no flanco direito,
pelo mesmo golpe de sol
que acertou em cheio o coração do vale.
Todo este drama, no entanto,
é algo que a cidade não presencia,
voltada que está para algum outro lugar
que não podemos ver na foto.
Mas do ponto escolhido
pelo olhar do fotógrafo
o que se vê são destroços
de mosteiros e abadias,
cascalho espalhado entre esqueletos
do que antes foram templos
onde as joias do lótus,
século após século, repousavam.

Alheios a este panorama eloquente
(mudos, dispersos em inúmeras janelas)
três prédios pacientes,
íntegros ainda.

Na Montanha dos Macacos
(área de Da Nang, Vietnã)

Johnny, esta noite eu descobri tudo que precisava saber pra tirar você da minha vida pra sempre Eles eram muitos, mas estavam descalços (até agora não sei de onde foi que eles saíram), *É neste dia, 7 de dezembro de 1970, que eu me liberto do seu feitiço* Vinham com aqueles olhinhos enviesados brilhando de um jeito esquisito. *Você perdeu, meu amor, você perdeu nós duas* Parecia um exército de crianças alucinadas, *E vai acabar igualzinho ao cara que você mais odeia: seu pai.* uns pigmeus ferrados *Vai pro inferno, você é igual a ele e merece a mesma vida fudida.* — só de olhar me dava calafrio. *Ah, meu amor, aquelas fotografias de nós dois...* Aí um deles partiu pra cima de mim *a praia, os poços, as pedras,* Eu meti a baioneta na barriga dele *o Museu de Belas Artes* — uma, duas, três vezes, *os cisnes,* os caras, eles tentavam me segurar, *ah, Johnny, Johnny...* eu tava ligado, *Café da manhã na cama,* eu não conseguia parar, *os nossos banhos na banheira velha,* não conseguia parar de pensar no Danny, ali, cortado ao meio, *nós dois correndo pela Rua Mason,* cada metade jogada pra um lado, *andando de moto nas montanhas,* a merda e o sangue espalhados por cima de tudo, *subindo e descendo as ruas de São Francisco,* a cara da mãe dele quando visse o telegrama... *dançando, trepando,* e aquele filha da puta se contorcendo na minha frente, *trepando até cair,* babando, dando um ronco meio rouco, *encharcados no suor um do outro,* a boca aberta sem conseguir respirar... *Quando penso em você me tocando, me pegando,* já te falei que eu tinha uma garota lá em casa? *eu fecho os olhos*, cara, ela era uma coisa na cama *quando outro cara encosta em mim, ou me beija*, o chato é que ela achava que ia me prender... ela ficava muito doida de vez em quando, *eu fecho os olhos e finjo que é você*, o negócio era só falar com ela depois de uma boa trepada, rá, rá, *Johnny, seu babaca, eu quero que você se foda*, cara, nisso ela era boa, *foda-se, foda-se, foda-se... meu amor pra sempre,*

Susie

Na Costa dos Esqueletos

Entre dunas semoventes e à sombra dos naufrágios,
à minha volta tudo é volúvel, volátil
e tão desgarrado de qualquer valor inato
quanto um diorama: bonito olhar a chama
emprestando aos recortes a sensação de movimento
— mas nada, nessa aparição, penetra
(acalenta, ou ainda, se reporta)
a área circunscrita onde tudo o que importa acontece,
paisagem minuciosa, coberta de pele,
em que a mente se desloca na mais absurda,
genuína nudez (sob sol a pino
ou ventos contrários, debaixo
de céu estrelado ou do disparo diário das gotas).
Raras foram as vezes em que as coisas
deixaram de partir dali.
E se aos poucos desço ao mais fundo
confim deste ermo, onde erro,
(tropeçando, aqui e ali, no ossário),
sei que o que os olhos ferem
é só reflexo, e não limite.
Todas as coisas me habitam.

Mais uma lua

Sem nada que te relembre,
nem permaneça além, breve
semblante de coisa alguma
que se detém, instantâneo,
por cima do oceano surdo,
no plano de um céu
fajuto? sem brio? diletante?
— Ah! meu reino por uma
(como a sua) vastura de pura clareza,
sem o soluço do adjetivo.

Nossa Senhora da Rosa Mística

Rosa, flor pleistocena,
membrana terna
numa pele recém-descoberta,
sete saias abertas no coração de jesus,
em tiros na cruz
no morro do juramento,
metal na vitrine do shopping center
(papel-alumínio, meio 2001),
decapitada na cabeceira da cama,
pisada no chão da igreja,
no buquê da noiva albina,
na garganta que lateja,
insone pálpebra da fera:
põe teu selo na porta do barraco
onde a mulher sequestrada espera.

Quantas maneiras poderia encontrar para amar um homem ausente? Isto nunca deixava de causar a ela espanto renovado. Amá-los, ou antes, ocupar-se deles. Por que novamente era um homem o sentido final da sua mira, a ponta aguda na direção da qual tudo, em sua vida, afunilava? Tornara-se, de modo gradual e imperceptível (e por seu próprio consentimento), um ser capaz de gravitar ao redor de cada frase, de cada pausa, em elipses cada vez mais apertadas, numa vertigem que experimentava com indecifrável delícia.

E várias vezes voltava, de forma espontânea, ao torneado encantador de uma ou outra palavra, e ali ficava, alheada de si, interrompido em meio um movimento que por sua natureza teria sido pleno, só para rodar entre os dedos, com *certa negligência, as pérolas imantadas.*

Esse procedimento, tanto habitual quanto suicida, dava-lhe agora uma sensação de claustrofobia e extremo cansaço. A origem, ela percebera de súbito, não estava na sua postura diante dos homens: nem numa subserviência infantil ao intelecto masculino, nem na crença iludida quanto à perfeição daqueles seres (isso ela sabia de antemão, e por experiência prévia) tão falhos e perplexos quanto ela mesma. Não: a fonte de todos os seus enganos encontrava-se em outro quadrante.

Seu problema se resumia a ser uma mulher que acreditava em palavras.

Kit e Port

Eles fazem amor na beira do abismo.
A areia o cascalho tisnam, esfolam,
rasgam o vestido e a pele, o cinto
aninhou-se em serpente inerte
ao lado do paletó amarfanhado,
o brinco rolou encosta abaixo,
as palmas das mãos lanharam e
passeiam sua aspereza pelo rosto,
cobrem de poeira o seio trêmulo,
exposto.
A cúpula a concha indecisa
que acima dos corpos se fecha
nada guarda: pálpebra dormente,
anestesiada sob o entardecer,
que fosforesce.
No momento em que a penetra
(apenas o zíper aberto)
centrípeto em seu ímpeto, ele fala.
Repete, enquanto arremete
o corpo contra o dela,
lanha arranha esfola ergue
sua tenda de palavras
sob o céu que não protege.

No sinal

Coisas borradas,
não corroboram os sentimentos,
rímel que escorre sob a torrente,
gota última de sangue
a pingar do coração envolto em espinho
(lágrima de suco, puro brilho
no anúncio da Espremedora Faet).
A paisagem toda desmancha,
esmaece sob a névoa,
o sorriso enfraquece e dói no rosto
manter o equilíbrio da composição.
Parada no sinal eu vi no posto
um coração cheio de gasolina
(logo abaixo alguém encostou uma placa:
Mecânico-Eletricista).

Poema de aniversário

Sozinha — esplendidamente —
com a fotografia do engano
emoldurada em branco na parede
— paisagem a ser visitada todo santo dia;
com a lantejoula de prata
e a bolsa de madrepérola
pendendo, em plena tolice, do cabide
(filigranas para o adorno
dessa mulher de ninguém)
ela acorda entre os lençóis doloridos
por várias ausências, superpostas,
enquanto no sonho
o quase toque das bocas
que o gongo do telefone
vem, habilmente, cortar.
Intrépida, exposta
ao vento e ao sol a pele
que, antes, o metal do penhor recobria.
Sozinha do lado de fora
(por dentro a própria mão sustenta,
ainda trêmulo,
o coração partido).

Dias mesquinhos,
de asa de mariposa esbatendo na janela,
sono oco e sonho que esfarela,
toda manhã. Nada mais a ser protegido
— poemas, amigos perdidos,
desperdiçados.
E no lugar da chispa,
do motor feroz do beija-flor
a desenovelar o ar de dentro pra fora,
o galho seco, enrijecido no despeito,
cravado bem no olho do terreno,
o peito sem vestígio de botão.

Exílio

Porque passeou entre confetes
numa grande sala vazia
(sapatos batiam nos tacos
no compasso da monotonia)
como as ondas contra os cascos
aquela lembrança batia
contra as têmporas, no espaço
que dentro do crânio se abria,
oco, desesperançado,
necessariamente ecoando
o coração, apátrida.

Are You Coming With Me?

*com débitos à Vogue
e ao Pat Metheny*

Nas pontas dos pés,
derribada,
com o braço esquerdo ela o enlaça
(melhor dizendo: pendura-se nele)
enquanto o direito cai, sem vida,
junto ao tronco.
Seu corpo, torcido,
conta com apenas três pontos
de apoio:
os dedos dos pés sobre as tábuas,
a dobra do cotovelo
esquerdo que o abraça,
e, no centro da estrutura,
(quase desequilibrada *Vitória
de Samotrácia*) as mãos do homem
que a sustentam pela cintura
com a força-delicadeza
de quem segura uma casca.

Segundo movimento:
ela quase cai do tablado,
um pé no assoalho,
outro no vácuo
— seu corpo se curva
na perda do equilíbrio
— mas ei-lo, intrépido

a interromper a queda:
agarra-lhe o pulso,
no contrapeso puxa o corpo
de uma volta em sua direção.
Meus olhos recaem
sobre o braço nu, estirado,
(corda de cabo de guerra)
onde amanhã ela irá ostentar
uma pulseira de manchas azuis.

Na sequência ela despenca,
literal, como um tropeço,
joelhos fletem, o quadril
quebra, os braços se dobram
antecipando a queda
(mas o rosto,
cabisbaixo e quase casto,
é tão sereno)
pois ele surge como um susto
do fundo negro e no último
segundo, num arremesso de flecha,
ele a ampara.

Agora, finalmente, ele a chama
para junto, mete o joelho
entre as pernas entreabertas, a testa
na curva do pescoço, cola a boca
no feixe cru dos seus cabelos,
maneja o braço direito
com a destreza de,
ao dobrar seu oponente,
um lutador (dando a ela a certeza

de lançar-se
menos o receio do tombo).
Mas no seu rosto,
contraído de amor como de um soco
(ao qual se junta o rigor da dúvida
— "*Vem comigo*"),
os olhos ainda hesitam
de tal modo que já não se discerne
se aquilo é pergunta ou aviso.

Odre

O corpo,
este odre enganador
onde a minha juventude, finda,
seca, sem nada a repor
além da renovada perda:
o vinho das impressões vertiginosas,
de mistura a uma perene nostalgia,
dia após dia após dia, pinga
ainda uma última gota.

Pulso

O que o corpo quer
é a vertigem de se perder
no salto das águas
(não: resistir ao curso),
cruzar o campo de força,
suas explosões
entre os corpos mudos,
cumprir o gesto hesitado,
o impulso que entorna o caldo,
precipitar o susto
(bem-vindo e sem reparo)
de cair dentro do outro,
enfronhar-se
no escuro desse pulso,
consumir,
chegar ao fim.

Os dias de então

Você se lembra das rosas no jardim de Kinneys? — você foi tão gentil, e eu pensei: "Ele é a pessoa mais doce deste mundo"

    método aspiração
    método dilatação e corte
    método cesariana
    método envenenamento por sal
    (o bebê recebe uma injeção de substância salina
    a pele fica queimada pelo elemento cáustico)

"Ele é a pessoa mais doce deste mundo." O muro úmido e forrado de musgo. A glicínia cobria a cerca, a sombra era fresca, e a vida, uma coisa antiga.

    bombardearam a cidade
    com bombas de fósforo
    os civis atingidos
    pegavam fogo e corriam
    para o rio e para o mar
    (dentro d'água o efeito cessava)
    mas assim que emergiam para respirar
    seus corpos recomeçavam a pegar fogo

A vida, uma coisa antiga. Meu cabelo estava molhado. Você ficou reverente e eu soube que estava a salvo.

    depositado nos pulmões, nos rins,
    o urânio 238
    emite radiações alfa e beta

que causam, ao longo dos anos,
câncer nos indivíduos expostos
e anomalias genéticas
em seus filhos e netos
a vida média deste urânio é de 4500 anos.

A salvo, nós dois. Felizes, dourados — enquanto atravessávamos a rua, no caminho de volta para casa.

EMPRÉSTIMOS

Vários poemas neste livro utilizam frases ou partes de frases encontradas durante a leitura de livros de ficção e ensaio, nacionais ou estrangeiros, assim como versos ou partes de versos de outros autores. Onde foi possível à autora retraçar a origem destes trechos e versos, os devidos créditos seguem abaixo:

p. 245 — "Obscura aurora desse corpo" — num poema de Rainer Maria Rilke, tradução de Augusto de Campos.

p. 248 — "Sob o toque da luz do dia" e todos os trechos em itálico dentro deste poema em prosa foram retirados do romance *O pintor das sombras*, de Jane Urquhart, tradução de Sonia Coutinho (São Paulo: Bertrand Brasil, 2003).

p. 263 — "Vívida, em primeira mão, a tinta torna-se flor" e a expressão "forma-flor" sairam do livro *The Last Flowers of Manet*, texto crítico de Robert Gordon e Andrew Forge (Nova York: Harry N. Abrams Inc., 1999), e foram traduzidos pela autora.

p. 267 — "Pintar é um ato de posse" — *A febre das tulipas*, de Débora Moggach, tradução de Cid Knipel (Rio de Janeiro: Editora Globo, 2002).

p. 268 — "Quase incolor", "Nada de amarelo: âmbar" e "todo claridade" em *A boa fortuna*, de Mary Gordon, tradução de José J. Veiga (São Paulo: Bertrand Brasil, 2003).

p. 273 — As frases em itálico foram retiradas de uma notícia publicada no jornal parisiense *Le Figaro*, no dia 20 de abril de 1883, encontrada no livro *The Last Flowers of Manet* (Nova York: Harry N. Abrams Inc., 1999), tradução da autora.

p. 279 — "A casa ainda" — Título roubado de um conto de Helena Parente Cunha, publicado no jornal *Verve*.

p. 280 — "Como o ímã atrai a limalha", em *Bodhicharyavatara: o caminho do guerreiro*, de Shantideva, tradução de Manoel Vidal.

p. 284 — "Escrever é perder o corpo" — Francisco Bosco, no livro *Da amizade* (Rio de Janeiro: 7Letras, 2003).

p. 285 — "No lume do espelho" — Antonio Cicero, em *A cidade e os livros* (São Paulo: Record, 2002).

p. 289 — "O coração dele batia como louco, e sim, eu disse sim" e todas as frases em itálico em *Ulisses*, James Joyce, via Octavio Paz, *A dupla chama: amor e erotismo*, tradução de Wladir Dupont (São Paulo: Siciliano, 1994).

p. 297 — Todas as frases em itálico foram retiradas da correspondência de uma certa Susie com seu namorado, que lutava no Vietnã, e constam do livro *Hell Hath No Fury: Women's Letters from the End of the Affair*, compilado por Anna Holmes (Nova York: Carroll and Graf, 2022), tradução da autora.

p. 299 — "Entre dunas semoventes e à sombra dos naufrágios" — legenda de uma foto no livro de Amyr Klink, *Cem dias entre céu e mar* (São Paulo: Companhia das Letras, 2005).

p. 313 — As frases em itálico são trechos de uma carta de Zelda para seu marido, F. Scott Fitzgerald. (Tradução da autora.)

Poesia inédita
[1984-86]

Guerrilha

quando fico com o olho preso
não há o que me desengane:
psicografo feridas,
perco o foco da meada,
não me dou por achada,
me faço de desentendida

quando me pego no laço
das palavras-armadilha
arranco o pino da granada
e detono o verbo da vida:
sempre tive essas ideias
assim meio suicidas.

novembro/1984

Hobby

Tem gente que faz tricô
eu me contento em olhar no espelho
e arrancar cabelos
um por um.
Me torno mais que inconsistente
sou um desafio
ao mais agudo entendimento
quando fico só
a enfrentar fio por fio.
E me distraio
com a dolorosa descamação
em cada letra, um desencontro,
em cada fio, me reconheço
eu me mereço
eu me flagelo
enquanto arranco
pelo por pelo.

novembro/1984

No museu

Você me disse: mamífera!
só porque eu tenho seios sérios
e você, não
Mais tarde foi como se dissesse
(eu, de qualquer jeito, pensaria):
alguém vai, algum dia,
mamar aqui
Hoje no museu, olhando a baleia
você gritou dentro da minha blusa:
mamífera!
Era uma acusação?
Como me morder
onde nós somos diferentes,
de um modo feroz, ancestral
e reticente
ansioso em assegurar
a espécie.

janeiro/1985

Peixes japoneses

Os peixes mágicos eram quinze
vermelhas formas de mercúrio
escorregando dentro d'água
Você era um peixe mágico,
eu constatei, atrasada.
Nunca aprendeu minha língua
(eu me comunicava por mosaicos)
e a minha lógica não abrangia
o seu dom de flutuar
em qualquer elemento.
Tive um pressentimento
olhando o laguinho japonês
Tentei falar com os peixes
abrindo e fechando a boca
bem devagar
Você: pele de pergaminho,
pálpebra de barbatana
sabe lá com que outras membranas
eu ainda iria me deparar...
Olhos meio orientais
e magro, um faquir ainda saudável
a boca rasgada, a não ser quando beijava
tudo sinais de peixe também
Você mesmo, um tanto deslizante
Eu, esperando sem desconfiar
o instante
de você escorregar
pra dentro de mim
Você me dava nojo,

o fascinante
nojo da lesma no ladrilho,
a quase infantil aversão
do que depois vai ser desejado
Foi um reconhecimento
essa vontade no meio da tarde
Como se eu já desconfiasse
que você era um peixe nojento
que você era um peixe vermelho
que você era um daqueles
violentos
peixes japoneses.

janeiro/1985

Cantava a chuva
qualquer coisa como farpas de vidro
angústia ácida palavra
corroendo o corroído
cantar pontudo, cantar repetido
cantar de areia, áspero, ardido
cantar de dor, arranhão e grito.
Cantava o ar impressionista
um sol laranja descascada
coagulando o céu de estrias
pedras cúmplices, galhos testemunhas.
Conjugava o verbo aflito
de cantar como quem esfaqueia
uma paisagem ou outro homem
e guarda na própria veia
o sangue seco da faca.
Um canto-chamado de homem
de homem que ficou perdido
com a faca e o sangue e o vidro
sob o sol cauterizante.
Quando então respirou a noite
e seu úmido escuro anestésico
o emplastro da noite, mistério
o ardor ficou memória
o enigma ficou sendo sono
e o cantar de dor, cantar de homem
aprendeu a ser cicatriz
— coisa mais feminina, talvez.

março/1985

Matéria do riso

Rir forçado
é um rir de cimento
seca rápido
e quebra no dente
O rosto dói de sorrir sem vontade
a pele esgarça
no riso opaco
riso que é mais uma cara
de dor
diferente do matizado
cristal
límpido levitar do
riso natural.

abril/1985

Pro teu amor, só o silêncio
só o silêncio de satisfazer palavra
Pro teu amor, mais do que palavras:
o não dito
o que pressinto é da veemência dos sinos
no ar, da pedra contra o azul
do que não fala de outra forma
senão a forma que possui
Pro teu amor, o mais intenso verbo:
o do objeto
que só de ser
consegue dizer de si mesmo
e quanto mais calado,
mais respira,
quando menos fala,
pronuncia
Amor que no silêncio se ilumina
e repete pela pedra sua sílaba.

abril/1985

A palavra existe contra o silêncio
como a pedra se limita ao vazio
e o vazio, na fronteira da pedra
O silêncio é redondo e completo
a palavra, excessiva, uma fenda
de onde jorram imprecisões
Palavra nunca foi definição
Não há como dizer da água
melhor do que o próprio rio
O canto do bicho é pedaço do vazio
muito mais que a intrusa palavra
Não pertence ao mundo, a palavra,
é abrigo
roupa, utensílio
com o qual o homem recobre a sua nudez,
incapaz de comungar o silêncio
sem medir o espaço do nada
esquecido de que o vazio é uma linguagem
às avessas.

abril/1985

A palavra me deixa pisando em ovos,
inerte na surpresa
de capítulos que nunca escreverei
Pernas que anseiam por saltos
de bailarina bêbada
seguem minúsculos passos,
equilíbrio sobre os trilhos
— Na trouxa de remendos,
paciência
Viro poeta-vagabundo
entrando furtivo na língua
como quem se esgueira em galinheiros
e rouba a matéria-prima de refeições:
ovos, galinhas, sílabas, visões
levando junto a percepção do impronunciável
Viro bailarina trôpega
esbarrando em móveis
pulando de boca em boca
entre ferozes jacarés
De manhã recolho a louça
E refaço bibelôs
com horas, cola e medo
A palavra me deixa marcas roxas
e a eterna sensação de vertigem
bailarina fatigada
vagabundo equilibrista
respirando leve
pulso inquieto
A palavra me deixa insone

como quem espera sobre o peito
o pouso suave de um inseto.

maio/1985

Quero sempre a tua voz na minha vida
lendo bulas, regulamentos de hotel
diagnósticos, segredos
cianureto em tua voz
Antes, sempre, em minha vida
o timbre noturno e febril
tecido de escuro e calúnia
cashmere tua voz azul
Esticando assassinatos
na penugem da manhã
escorregando no chão
últimos grãos dos meus sonhos
A tua voz de *arabesque*
voz nostálgica, infantil
deixando no ar mais um gesto
insubstituível

agosto/1985

Quando escrevo
minto sobre palavras,
arrebento sutiãs.
Quero solto
o que é do ar por direito:
verbos
e os bicos dos peitos.
O que corrói,
deixo bater em cada teta
Boca secreta
poeta liquefeito.

outubro/1985

Gato:
no teu rabo
vejo réptil
resto de camaleão
Herança aquática
teu luzir elástico
e neon
Gato,
filhote de gato
na quina de um gomo
de sol
descansa teu corpo
lagarto
secreto
na espinha dorsal.

outubro/1985

O nome das coisas

Quando a palavra sopra em minha boca
meu dito é a maior das santidades
— pérola, digo
e cuspo dentes a teus pés
Conheço a ruga das manadas
surda, em doce veludo
se teço a palavra: elefante
nas veredas de suor
Cristais!, ofereço
quebram-se compoteiras
caquinhos tiritam de cor,
musicais
Você aprende é comigo
a acariciar a surpresa
promessa presa
na carne dessa fruta
É a palavra abrupta
o susto que nos faz sorrir
e as outras bocas.

novembro/1985

Espremer poesia da palavra seca
na boca uma terra que não alimenta
desertos da ideia, lençóis da mais fria
Sibéria: a da folha vazia.

dezembro/1985

Todo domingo é um pequeno réveillon
Angústia e tédio, partes da raiz
de um tubérculo a se descobrir:
nosso terreno e túrgido amanhã.

Hora febril, de um deserto sem matiz
como o silêncio da matéria ao seu redor
Uma aridez com que se consumir
até segunda desatar-se sobre nós.

janeiro/1986

O hibisco é uma fruta é um bicho
flor, sua possibilidade final
quando roça, vadio, o pistilo
na pele ansiosa da manhã
O hibisco foi um beijo mordido
que deixou marca proposital
dado por boca instruída
invisível
O hibisco é também um inseto
lançando antenas da atmosfera
flor que não é flor apenas
promessa e espera.

janeiro/1986

Atrás da garfada uma rosa surpresa
bidimensional, acesa
feito tatuagem
saltou vertiginosa
de dentro das dobras da tarde
cheia de trapaças
espaçosa feito estivador:
peito largo querendo cicatriz
dor antiga que carregue
por emblema
como a rosa do prato se estampou
em flor de espera
à flor da pele
do poema.

janeiro/1986

POSFÁCIO

Imóvel, vertiginosa

GUSTAVO SILVEIRA RIBEIRO

I

Não a garganta
— o grito, cortado
canta.

A poesia de Claudia Roquette-Pinto é, em toda a sua extensão — dos primeiros poemas de juventude, anteriores à estreia em livro (1991), aos escritos mais recentes, surgidos depois do recente *Alma corsária* (Editora 34, 2022) —, eminentemente lírica. Mas de um lirismo particular, tenso e estudado, de lastro objetivo muitas vezes, e de dicção frequentemente impessoal, atravessado e constituído pelos impulsos antilíricos da experiência moderna da poesia. Dessa espécie de *lirismo crítico* (para pensar a partir da categoria forjada por Jean-Michel Maulpoix[*] para descrever e discutir a retomada diferida da poesia lírica no contexto francês das últimas décadas, e que tem na contenção da ex-

---

[*] Ver: Jean-Michel Maulpoix, *Pour un lyrisme critique*. Paris: José Corti, 2009.

pressividade e na autoconsciência obsessiva do discurso poético as suas marcas distintivas principais), lirismo voltado sobre si e conhecedor de seus próprios impasses, Claudia Roquette-Pinto é mestra consumada e referência incontornável no panorama da língua portuguesa.

O conhecimento e a frequentação da flor, signo e imagem privilegiadas pela tradição para o elemento lírico, símile da beleza, da efemeridade e da delicadeza (e por isso mesmo símile também da própria poesia, e isso é especialmente relevante numa obra em que a metalinguagem é um pilar decisivo, confundida a reflexão sobre a poesia com o próprio desdobramento do poema lírico), atualiza-se em Claudia Roquette-Pinto de modo bastante significativo. Sua flor é a *saxífraga*,* aquela que quebra pedras, nasce por entre a dureza e se afirma em terreno áspero e improvável, abrindo fendas entre as r ochas, florescendo a frio. Título de seu segundo livro (1993) e presente, de modo direto e indireto, em alguns dos poemas que foi escrevendo ao longo da vida, de livro para livro, a saxífraga condensa os sentidos do tipo de atitude lírica que a poeta cultivou em sua trajetória até aqui, atitude que se poderia dizer ética e poética a um só tempo: incisiva, insidiosa, contrastante.

---

* Masé Lemos dedica um estudo longo ao tema da saxífraga na poesia moderna, reivindicando a existência de uma linhagem moderna e feminina (se não mesmo feminista) de poetas e poemas-saxífragas, no Brasil e além. Em diálogo com Marie-José Mondzain, a autora argumenta que há um coeficiente político na imagem da flor que nasce das pedras e dos dejetos, uma vez que ela não só rompe com a totalidade aparentemente impenetrável do poder e dos discursos do poder, mas também é capaz de criar relações inesperadas, associações e justaposições de elementos díspares que, uma vez juntos, atuam como força de deslocamento e transformação (da linguagem, do pensamento, do mundo social). Ver: "Gestos-saxífragas: a poesia de Claudia Roquette-Pinto e Josely Vianna Baptista". In: Paula Glenadel e Franklin Alves Dassie (Orgs.). *Poesia e gesto: sobre estéticas crítico-filosóficas contemporâneas*. Rio de Janeiro: 7Letras, 2023, pp. 61-90.

A oposição, aliás, é talvez o fundamento e a força desse tipo de lirismo, e também da imagem que se singulariza na obra da autora. A flor ambígua e turbulenta — mas ainda assim flor — da poesia de Claudia Roquette-Pinto aproxima, sem resolver, o baixo e o alto, a degradação e a beleza, o chão e o céu. A relação entre esses polos opostos não se revela simples: um pode estar no outro, sobreposto, ou a justaposição entre eles revela uma tensão essencial do discurso poético, fio esticado ao máximo, sempre prestes a se romper. Não importa. A poesia para a autora é uma travessia da linguagem feita de inquietação e leveza, instâncias contrárias que vão se desdobrando continuamente no seu trabalho para formar um tecido lírico difícil.

Distante do canto dissolvente, encantatório, e de todo tipo de confessionalismo literário, a flor-poema de Claudia é antes imagética e mental do que sonora — ainda que sua natureza musical sutil se destaque em vários momentos.* Escavação contínua da subjetividade e da existência íntima, movimento em direção ao interior de si, o temperamento lírico da autora encontra, no entanto, ancoragem definitiva no território das coisas tangíveis, na vida expectante dos objetos e das formas artísticas, nos detalhes do mundo natural (como a própria emergência da "flor essência saxátil" que se ergue no "chão de pedregulhos", conforme revela o poema "Rastros", primeira peça de *Saxífraga*) que se ergue à volta, e que o eu poético põe-se a observar com intensidade. Fora, dentro, passagens que a imagem da saxífraga — símile e súmula do lirismo praticado pela autora, não é demais enfatizar — reúne e embaraça.

---

* Para uma leitura minuciosa do ritmo na poesia de Claudia Roquette-Pinto, ver o estudo de Paulo Henriques Britto: *Claudia Roquette-Pinto* (col. Ciranda de Poesia). Rio de Janeiro: EdUERJ, 2010, pp. 7-44.

O tempo e o corpo (índice do desejo) são os grandes temas de *Os dias gagos*, primeiro livro da autora, e é por eles que o lirismo exigente de Claudia Roquette-Pinto vai revelar-se com mais clareza, seja nesse volume, seja na sequência dos livros que publicou. A notação a respeito do correr dos meses dos primeiros poemas editados, sonetos em verso livre, mistura entre o controle da forma e a informalidade do registro coloquial da linguagem, somam-se à representação dos ciclos da vida e das estações que tem lugar no livro, em poemas dedicados à morte e aos períodos de gravidez e nascimento dos filhos, experiências que conjugam a circularidade do tempo que dá voltas sobre si com a instauração violenta de uma nova vida — todo nascimento é violência instaurativa —, ou ainda com a interrupção repentina da existência do outro, eventos que abrem o tempo disjuntivamente, sem reconciliação possível.

As experiências iniciáticas do erotismo também comparecem em *Os dias gagos* e vão afirmar-se, na trajetória da autora, como traço fundamental do seu trabalho, um modo de conhecer e revelar, pelo contato e pela intuição do corpo, o mundo. Eros, como se sabe, é o transtorno de Cronos. O erotismo suspende e subverte o tempo, dando a ele outra direção e nova espessura. Nas experiências eróticas figuradas em *Os dias gagos*, o tempo é conjuntamente extático e acelerado, como em "Gênesis", poema de título significativo e foco na anunciação amorosa da juventude ("o fogo em plena praça").

Nesse texto as marcas temporais se acumulam de modo não linear ou lógico. A mistura do presente com o passado, da escrita da memória com a atualidade contínua do tempo da origem (a gênese), configura-se como estratégia mimética principal, centrada numa tarefa dúplice: a rarefação dos acontecimentos e a marcação insistente de índices da passagem do tempo: "no beco vi umas bananas ardendo/ um álcool que rimava com veneno/ os dias maduravam sortilégios/ os meses no meu rosto feito vento// às vezes lapsos dentro do semestre/ e o azul pulverizado das manhãs/ queimavam nas artérias sol e éter// eu-dezessete e meio, etcetera". A maturação dos dias, lenta e processual, está ao lado da consumação imediata do tempo (as bananas que ardem, os meses que correm apressados e impalpáveis como o vento). Os acontecimentos que se acumulam rápidos num instante fraturado e descontínuo guardam, ainda assim, a referência exata da idade.

O registro subjetivo do tempo, que no poema em tela segue os ritmos da paixão, procura inscrever o sujeito poético no fluxo das horas, na corrente da dissipação de tudo, quando os instantes significativos — momentos em que o tempo se detém e se adensa, para finalmente adquirir sentido — se destacam contra o pano de fundo dos dias vazios, dos tempos mortos. Na sequência do livro, essas fissuras epifânicas ou traumáticas do tempo — matéria base para a elaboração poética da autora — vão se apresentando uma a uma, atadas a momentos-chave de natureza quase ritualística, ligados ora à finitude, ora à transmissão da vida — ao momento da morte e à hora do nascimento. É o que se vê, por um lado, em "Visitação da morte", poema feito a modo de um presságio, que registra a consciência do fim — "primeiro um alarme nos ossos/ fisgada antes da chuva", anúncios de um processo de fragmentação e condensação do tempo para o sujeito poético: "alguma coisa se desprendeu, surpresa," [...] "e sempre,/ então,/ essa clareza presentificada distendendo os instantes:/ a morte estava entrando no teu corpo".

O universo parece que se deteve em choque para antecipar, solidário ao eu, o instante decisivo que está próximo. A passagem do tempo torna-se visível, "clareza presentificada", na qual os instantes ganham materialidade e extensão próprias.

Em sentido inverso, a mesma disjunção do tempo ocorre no momento do nascimento. Um poema como "Moon lady", que retoma o motivo lunar feminino e transfigurador da poesia de Sylvia Plath, combinando-o com outra imagem muito recorrente em Claudia Roquette-Pinto, o corpo grávido e maternal que se estranha e desconhece, evoca as "manchas que habitam o calendário" como um modo de desreferenciar a cronologia. A perspectiva do mito está próxima, uma vez que "todos os bebês que não nasceram/ esperam insones pela sua vez", numa sinalização de que não importa aqui apenas o tempo mensurável da experiência, autobiográfica ou não, mas também o tempo da promessa e do advento, tempo que contém em si igualmente o vazio e a ausência do incriado.

Coisa semelhante se verifica em "Na maternidade", poema que indica que o evento fulcral do parto, de uma só vez evento revelador e traumático, ainda não cessou de ocorrer, posto que nele se confundem antecipação e memória, urgência e contemplação: "como se eu sempre soubesse/ seu grito/ é áspero e azul". A visão extática do bebê, pequeno ser "encharcado de luz", mas distante da mãe que o vê pelos vidros do berçário, é contraposta pelas "agulhas" que "tramam um tremor" no corpo da poeta. A plenitude da imagem da criança, consagração do instante do nascimento e centro irradiador do poema, é atravessada pela consciência da vulnerabilidade de ambos.

Uma sombra de morte, talvez, inscreve-se no texto. As agulhas, para a mãe, e a condição "tão nu" do filho indicam afinal a desproteção, travo discreto ao êxtase lírico que, bem ou mal, configura esse texto. Os versos curtos e de corte inquieto, a parataxe que desorganiza o fio narrativo que sustenta o poema, a natureza complexa das metáforas que, mesmo feitas a partir de lugares-comuns da tradição, impõem dificuldades à apreensão imediata do texto, são todos obstáculos à fluência do canto, mesmo quando, dada a proximidade com o sublime, o poema parece querer entregar-se à elevação e ao lirismo puro.

Difuso por todo esse primeiro livro de Claudia Roquette-Pinto, bem como pelo restante da sua obra, o erotismo tem na seção "Visão e tato", de *Os dias gagos*, uma elaboração que complexifica a representação do encontro amoroso, cingindo-o de pequenas zonas de ambiguidade. Pelos arranjos sintáticos dos versos, bem como pela construção às vezes enganadoramente fácil das imagens, aquilo que poderia ser apenas celebração do corpo e exaltação dos afetos revela também ser negatividade, experiência atravessada por fissuras e não ditos, marcada por algo como "um hiato entre dois oceanos" que preside o verão, a estação dos enganos e a época predominante desses poemas de amor. A exigência e as torções dessa flor difícil que tece a poeta se mostram em toda a sua extensão num poema como "Luz depois do mergulho":

> depois de te amar saio refrescada
> transparente nascida água
> matéria de cisterna
> de fosso fundo eterna
> na tua profundidade

depois de me encharcar volto cristalina
do escuro à tona respiro
busco a luz que te defina:
água, talvez
água fugaz   corpo piscina

A ação fundamental aqui, o mergulho, possui clara reverberação erótica ao indiciar o dado fusional que a experiência do erotismo sempre contém, experiência fronteiriça com a morte e o apagamento do sujeito. Nesse poema, a intensidade do encontro, do qual a poeta sai "refrescada/ transparente nascida água" — e a metamorfose em direção ao líquido só aprofunda a sensação da entrega e do descontrole do enlace amoroso —, ganha uma nota de estranhamento e obscuridade quando o fosso de uma "cisterna" é trazido ao poema, fosso escuro no qual a poeta submerge. A clareza que define o corpo do parceiro, transparência da "água fugaz" e do "corpo piscina" não é apenas contraposta pela escuridão da cisterna, mas tem nela uma parte essencial. A profundidade é feita de escuro, massa negra que encerra em si a poeta e anula por um momento a sua individualidade.

A estrutura de repetição e contraponto das estrofes, a centralidade da água (com sua luz interior) no poema, a associação entre o desejo erótico e a claridade, tudo isso remete a João Cabral de Melo Neto e os seus muito conhecidos poemas "A mulher e a casa" e "Paisagem pelo telefone". Nesses textos, o autor pernambucano é nome de referência para que se possa pensar, em contexto brasileiro, num lirismo contido, de endereçamento amoroso de alta voltagem erótica, mas pleno de tensões significativas. Mais do que uma marca geracional, que com ou sem razão (a depender do caso) a crítica apontou na geração de Claudia Roquette-Pinto, a retomada de Cabral aqui não quer indicar pertencimento a um projeto construtivo da linguagem poética ou a tomada de partido contra a excessiva informalidade das gerações precedentes, sobretudo a da poesia carioca de fins dos anos 1970 e de quase toda a década de 1980. Ao contrário, João Cabral aponta aqui para a possibilidade de uma outra compreensão e prática do lirismo, em especial do poema amoroso e erótico.

II

> *Debaixo dos meus dedos pasmos*
> *vibram sílabas secretas*

O olhar ocupa lugar central na elaboração poética de Claudia Roquette-Pinto. Pode-se mesmo dizer que a sua é uma poesia da visão, orientada para o espaço e para a percepção das formas, bem como para a porosidade erógena do tato, sentido que aqui se entende como uma extensão natural dos olhos. No tato, tocar é ver de outro modo — as mãos e a pele querem acabar de perceber aquilo que o olhar começa por descortinar, mas que se mantém, pela mediação da visão, distante. Isso explica diversos aspectos da poesia da autora, da centralidade que têm a metáfora e a transfiguração imaginativa em seus poemas, passando pelo diálogo contínuo que a poeta manteve com as artes plásticas (sobretudo com a pintura), indo dar na dimensão inequivocamente erótica da sua poesia, como já ficou dito, poesia da revelação e do contato, da ênfase nos interstícios e nos pontos de conexão e passagem entre os seres e as coisas, bem como da implicação direta — empenho talvez seja a palavra mais precisa — do corpo na tarefa de conhecer o mundo (e conhecer para Claudia é sobretudo experimentar).

Desse modo, não faz sentido aprisionar a poesia da autora, sobretudo aquela reunida no segundo e terceiro livros que publicou, *Saxífraga* e *Zona de sombra* (1997), no universo estático da écfrase e dos modos poéticos do decorativo burguês (ainda que atualizados pela técnica moderna), concentrada na descrição de paisagens interiores mais ou menos fixas, mais ou menos vinculadas às formas estáveis de um espaço protegido conformado e confortável. Na poesia de Claudia Roquette-Pinto, o olhar é inquieto e inquiridor. Participa daquilo que enxerga, procura intervir e alterar o real elaborando, pela palavra, uma representação daquilo que vê ou toca, e que antes estranha e refaz, ao invés de apenas descrever e informar sobre os objetos, fenômenos e eventos com os quais tem relação. A transfiguração do olhar que se dá em tantos poemas de Claudia insufla vida e movimento em coisas inanimadas, ou confere mobilidade àquilo que era — cena ou tela — apenas estático ou circunscrito.

Em "Raízes (frieda kahlo)", poema de *Saxífraga*, o sujeito poético interpela a "íntima floração" que emerge do quadro da artista mexicana como um organismo (e não apenas uma tela bidimensional) que depura o seu olhar, fazendo-a perceber o que se mexe por entre a aparência imóvel da imagem: "sei da flama que infiltra/ o glauco veneno das intenções". O jogo das cores (a intensidade quente da "flama", de tons amarelo-avermelhados, a densidade do verde) avança sobre o real, deixando à mostra a verdadeira natureza, para a poeta, do que se vê — a condição de coisa viva da tela: "folha: onde a vontade deriva/ raízes no pedregal". O quadro apresenta um autorretrato da pintora representada como um tronco disposto no chão, na horizontal, de cujo peito saem formas vegetais em várias direções — as "raízes no pedregal" indicando a força de impregnação e ruptura da imagem apresentada do corpo feminino, da natureza que penetra como flor ou raiz (saxífraga) até mesmo o coração da pedra.

Já em "*Bādinjâna* (a berinjela)", poema do mesmo livro, Claudia Roquette-Pinto decompõe numa série de imagens ao mesmo tempo plásticas (pictóricas, sobretudo) e eróticas o vegetal comum e em princípio intranscendente de todos os dias:

> é o azul   ciano   negro
> a fome de cor neste negro
> é a pele   espelho
> de virgindade   ancas
> que impeles aos céus
>
> ou o turbilhão — que ninas —
> de vespas de escuridão
> (no teu ventre)
> o que
> te aparentas
> à louca maçã da palavra?

A recuperação, já no título do poema, da palavra em árabe da qual derivou o substantivo português berinjela indica que nesse poema a reimaginação do fruto irá combinar descrição plástica e material com interrogação metapoética de palavra e coisa, num processo em que se alternam concreção e abstração, o que se vê e o que se pode intuir poeticamente pela proliferação de sentidos propiciada pela metáfora. A poeta procede a uma aproximação gradual da berinjela. Primeiro, é a sua cor indecidível, obscura e reluzente a um só tempo, intervalo entre tons de azul profundo e negro, o que vai mobilizar a poeta, que se dirige ao aspecto cromático particular do fruto por meio de versos experimentais, de discreta matriz visual, estruturados em torno de um aproveitamento inusual do espaço em branco entre as palavras.

Relativamente isolados, os três substantivos que nomeiam a gradação de cores e tons da berinjela projetam-se na página, reverberando, duas linhas abaixo, na pele-espelho do vegetal. A seguir, ainda na primeira estrofe, o poema se desloca da materialidade visual (a cor) para o plano da volumetria, fazendo passar, pela metáfora, o fruto para um corpo de mulher. O formato cilíndrico, mais fino ao alto e mais amplo à medida que desce, são as ancas femininas que a berinjela oferece à contemplação, ampliando, por essa imagem de cunho abertamente erótico, o convite aos sentidos que a cor e os sabores do fruto fazem.

Na estrofe seguinte as ancas emolduram um ventre escuro, envolto em mistério, cujo interior esconde (são as sementes do fruto) o "turbilhão de vespas" que se agita em seu interior. A imagem, em si mesmo inquietante, posto que consegue estranhar também o primeiro símile oferecido pela poeta, o corpo feminino, dirige-se para o universo do monstruoso. A confusão entre reinos — do vegetal ao humano e logo ao animal — torna ainda mais fascinante a berinjela, que só então revela o parentesco insuspeitado com a natureza da linguagem (a "maçã da palavra"), para a poeta o seu aspecto fundamental.

Todo o poema se organiza, enfim, como resposta em variação à pergunta dos últimos versos, "o que/ te aparentas/ à louca maçã da palavra?". Como a palavra, o fruto guarda e embala ("nina") dentro de si um turbilhão incontrolável de formas e significados, matéria de metamorfose, elementos táteis, de cor, textura e até de origens diversas (se se considerar o termo árabe que revela a estrangeiridade do termo). Daí que o olhar lançado para a berinjela revele ao mesmo tempo o desejo da poeta de saber as coisas pelo seu avesso, virando-as de ponta-cabeça ou em associações inusitadas, e ainda a dimensão de conhecimento erótico da própria escrita, pois trata-se, para Claudia Roquette-Pinto, de lançar sobre elas, as palavras (como antes sobre a berinjela), um apelo sensorial interessado em resgatar a sua dimensão corporal (tátil, concreta) tantas vezes esquecida.

A objetividade visual que lastreia a poesia da autora não tem lugar apenas no plano dos objetos ou de suas representações miméticas, quadros, esculturas, outros poemas. No teatro da mente, espaço onde dançam conceitos e estilhaços ainda não de todo processados da experiência, dá-se muito da construção das cenas e das imagens que formam a obra de Claudia Roquette-Pinto. A dimensão abstrata e conceitual da poesia da autora vai acrescentando à descrição das coisas o pensamento que as atravessa e complexifica, passando depois o próprio pensamento a se confundir com elas. A coisa evocada pelo poema existe, assim, como que em dois âmbitos distintos: o plano exterior, terreno das formas concretas que o olhar descreve, desdobra e alucina, e o plano interior, espaço da consciência e da introspecção, no qual os objetos existem como ideia e no qual se articulam pela imaginação e pela reflexividade.

Uma das obras-primas da autora, "Cadeira em Mykonos", de *Zona de sombra*, combina a apresentação do objeto ao rol amplo do que se move ao seu redor, entre palavra e pensamento, sem se decidir completamente pela apresentação transfiguradora da cadeira — cuja forma e sentido se ampliam e se estranham — ou pela apreensão da "ideia, que dela se alça,/ como o fogo da lenha". Feito de versos curtos e com *enjambements* que se sucedem dando à sintaxe uma vibração inquieta, o poema sobre a cadeira é a busca, no poema, da cadeira.

A coisa e a ideia da coisa, num progressivo jogo de interpenetrações, vão confundindo-se no plano da escrita, que é um processo ora de depuração, ora de revelação do objeto. A cadeira permanece íntegra e tangível, ainda que aprisionada "sobre a camurça-conceito" que a reveste. Para vê-la cada vez mais intensamente no poema, é preciso extraí-la da paisagem ao redor ("ao branco contíguo/ da parede, [...]"), escavando e trazendo para fora dela mesma a forma "literal" e "nua" da figura, a cadeira emergindo no texto em seu "modo-de-éden". Para alcançar esse ponto, a poeta indica que é necessário adestrar-se "ao negativo", uma vez que a operação da escrita se define, no poema, pelo verbo "haurir". Nessa direção, escrever é esgotar, esvaziar as palavras e as coisas das camadas de sedimentos que se depositaram sobre elas — é esse o sentido de "haurir"; mas é também colher, recuperar, com esforço, algo que se encontrava disperso.

Para Claudia Roquette-Pinto, o trabalho poético será sempre uma forma de estar à altura da imagem forjada por ela numa das seções finais de *Zona de sombra*, "A extração dos dias", que também serve de título ao livro que o leitor tem agora em mãos. A "extração dos dias" não é tão somente o resultado obtido pelo esforço da poeta, que luta com as palavras e recolhe, ao fim da jornada, uma espécie qualquer de féria poética, produto que é a consequência lógica do trabalho despendido.

O sentido da metáfora amplia-se em direção também à coisa ofertada, à experiência epifânica da beleza que arrebata o sujeito poético e passa a acompanhá-lo a partir daí. A ação extrativa como uma forma de pôr-se à escuta e permanecer aberto, disposto a acolher aquilo que vem. Acolhimento, colheita, recolha. Não estão distantes as palavras que se relacionam nesse emaranhado de significados. Mas há ainda um outro sentido para a mesma imagem, sentido que está em acordo com pelo menos um dos poemas que Claudia reuniu sob esse título numa série ao fim do livro de 1997.

O poema, peça curta que inaugura a seção "A extração dos dias", abre-se com duas perguntas que deixam entrever as referências pictóricas que contém: "nenúfar/ o que rufa à tua contemplação?/ que azul raia de verde/ que 'z' arábico atende,/ rufla ao teu redor?". O sujeito lírico, na cena armada pelo texto, muito provavelmente contempla, ou recorda, os nenúfares de Claude Monet. A indecisão metamorfoseante da cor e as formas da pincelada assombram o olhar e instauram um instante contemplativo, como que do tempo suspenso.

Diante da tela, o eu percebe-se arrebatado, e a exaltação lírica frente à imagem criada pelo grande artista é transposta para o poema na forma de um jogo de palavras, variação paronomástica com os verbos "rufar" e "ruflar". Segundo o sujeito poético, nenhuma outra imagem tem o mesmo efeito: nenhum outro nenúfar senão aquela representação "furta o ar/ como te olhar/ furta-me o cór". Apesar do arranjo sonoro elaborado, a imagem da respiração suspensa e do coração roubado diante da beleza do quadro não é propriamente nova. A novidade, entretanto, está na correlação entre o roubo que se consuma pelo olhar e a operação da escrita que se faz sob o signo da "extração dos dias".

Escrever é também perder o controle, depauperar-se, deixar-se transpassar pelas coisas e pelos acontecimentos. Nesse sentido, a extração, como metáfora privilegiada para a criação poética e para o contato com o real, indica não apenas a ação criadora do *homo poeticus*, contraparte do trabalho, em geral, que caracteriza o *homo faber*. A extração dos dias faz-se também através da passividade da contemplação, da ação das coisas e dos fenômenos sobre o sujeito da escrita, que abre mão (de modo relativo) da soberania sobre si e do controle que exerce (ou julga exercer) sobre a linguagem e o real.

Uma poética do olhar, como a que se arma na obra de Claudia Roquette-Pinto, coloca sempre no centro das preocupações o problema da relação interior-exterior. O olho que se abre (aqui uma definição metonímica do sujeito poético) e o mundo ao redor que será perscrutado estabelecem entre si uma dialética tensa, acidentada, longe da continuidade integrada que se poderia supor. A questão do olhar ganha, desse modo, contornos de reflexão existencial, na medida em que o sujeito que olha se sabe separado do mundo à sua volta, e da consciência dessa distância nasce a meditação sobre si, sobre os encontros e desencontros com o outro, sobre os impasses, objetivos e subjetivos, que se interpõem à sua frente. E há nesse passo mais um desdobramento: a meditação sobre o eu e as formas de conhecimento e intervenção sobre a realidade, na poesia de Claudia Roquette-Pinto, nunca se separa claramente de um processo de investigação da linguagem, seus domínios, possibilidades e limitações.

Daí serem muitas vezes inseparáveis, nos poemas da autora, os termos dessa complexa equação. Ver as coisas e buscar representá-las de modo transfigurado (que é o modo fundamental da poeta, apoiado numa muito habilidosa construção de imagens) dá lugar, como gestos contínuos, a inquietações interiores, investigações subjetivas que são também investigações sobre a natureza difícil (dividida entre a elucubração subjetiva e o encontro com a realidade imediata das coisas — o que inclui os conflitos e violências da vida social brasileira) da própria escrita poética. Percorrendo todos os livros da poeta como uma das linhas mestras do seu trabalho, essa confluência de questões que a poesia concentra vai se adensar e ganhar consistência especial em *Corola* (2000), o mais importante — e também o mais inquietante — dos seus livros até agora.

Recolhido em si e voltado, quase sempre, para um espaço interior que tanto pode ser a casa quanto um jardim, ou ainda a oficina de trabalho na qual lida com as palavras, o sujeito poético que predomina em *Corola* vê e esmiúça (pelo pensamento) o que se move à roda de si, imerso numa espécie de desconforto sem nome, situação conflitiva não de todo clara que a sintaxe nervosa, o verso fraturado e rápido, a narratividade elíptica traduzem para o plano da forma dos poemas.* O espaço fechado

---

* Para uma outra leitura de *Corola* e das questões por ele suscitadas, leitura muito diversa da que se propõe aqui, sobretudo nas implicações ideológicas da avaliação feita a respeito da poesia da autora, ver os artigos: Iumna Maria Simon, "Situação de sítio". *Novos Estudos Cebrap*, n. 82, 2008, pp. 151-65; e Iumna Maria Simon e Vinicius Dantas, "Consistência de *Corola*". *Novos Estudos Cebrap*, n. 85, 2009, pp. 215-35.

em que parece se mover a voz feminina que fala no livro relança, em outros termos, a oposição interior-exterior, e o sujeito se divide entre a busca em si da saída que não se apresenta — busca muitas vezes figurada por imagens de descida, mergulho ou queda — e a meditação concentrada, às vezes angustiosa, outras vezes extasiada, sobre a beleza e os mistérios que estão ao alcance da mão, sem contudo revelar-se em sua plenitude.

É mesmo em si, no espaço imaginário que se ergue do próprio corpo, que esse movimento de descenso vai se dar: "Dentro do pescoço/ o poço, vazio,/ caindo intempestivamente/ até que o fio/ da expiração se estique/ o ar arrebente o dique". O núcleo confinado da interioridade ganha estranha concretude, algumas vezes representado como lugar difícil, de acesso problemático e sentido de urgência. A procura subjetiva, reflexão existencial que faz o sujeito poético investigar-se exaustivamente, ganha nos poemas de *Corola* contornos ao mesmo tempo metafísicos e materiais, uma vez que as circunvoluções da mente vagam livres de um poema para o outro, inquirindo o ser e a linguagem, ao passo que o vocabulário e as imagens escolhidas pela poeta são quase sempre concretos, atados à vivência cotidiana em lugares comuns (a cama, a rede, a mesa de trabalho, a grama do jardim, o território familiar do quintal etc.).

A contradição que se instala na poesia de Claudia Roquette-Pinto faz com que o sujeito poético oscile entre opções incompletas, retornando insistentemente à tematização do espaço da escrita (e do microcosmo do poema), tentando localizar-se a partir dele. E também a partir desse ponto de irradiação de sentido da experiência traçando as coordenadas do mundo que está lá fora, mas que vibra também dentro da casa, seja no corpo da poeta, seja na vida mínima das plantas ou nos ruídos externos que ecoam com insistência e anunciam, às vezes fantasmaticamente, algumas outras de modo vagamente ameaçador, a presença daquilo que não se vê, mas está próximo. A ambiguidade das imagens com que a poeta representa o embate metatextual que estrutura o livro parece ser o modo encontrado para formalizar a tensão que, pervasiva, atravessa todos os momentos da composição de *Corola*. Mesmo quando o poema se inclina em direção a uma *imagerie* luminosa, aberta, vinculada, no mundo natural, às ideias de fertilidade e abundância, o símile buscado no universo da escrita traz um travo negativo, lembrança dos riscos inerentes à criação poética e artística. Comparado a um "limoeiro carregado", o caderno onde se escreve guarda, como ele, "outras frutas/ de carga solar, *e perigo*" (grifo nosso).

A intensa zona de conflitos que se abriga no coração dos poemas desse livro decisivo de Claudia Roquette-Pinto é evidente, uma vez que poemas se realizam na divisão entre a meditação estudada da linguagem e do eu, de um lado, e a urgência ansiosa da escrita que entroniza uma espécie de contínua "véspera dentro do peito", de outra. Tal dualidade irresolvível vai encontrar, num verso mínimo de um dos poemas iniciais de *Corola*, uma espécie de síntese e redução radical das questões que se agitam no livro (e em boa parte da obra da autora), questões que colocam em linha a centralidade do olhar, o pendor contemplativo e os transtornos da linguagem e do pensamento que conformam, tensionando-se, essa poesia. "Imóvel, vertiginosa", verso de duas únicas palavras, dois adjetivos opostos pelo que prometem, mas que friccionados como estão pela justaposição que os coloca lado a lado, produzem um tipo de choque de sentidos que capta e condensa um modo fundamental do sujeito poético forjado por Claudia Roquette-Pinto.

A contenção e o descontrole (do sujeito? da linguagem? da própria realidade?) são alguns dos termos que podem traduzir, em sentidos mais diretamente poéticos, a condição da voz que se organiza na poesia da autora. Ela se faz de modo duplo. De um lado, através do pensamento organizado, do conhecimento das formas poéticas da tradição, do repertório das técnicas modernas; do outro, do desejo de aclarar, pela reflexão, a natureza das coisas e as instâncias particulares que delineiam a sua própria condição.

A imobilidade a que faz referência o verso de *Corola*, tomado mais como signo poético amplo do que como enunciado de contexto restrito, indicia a disposição raciocinante do sujeito que quer organizar a si e ao real por meio do trabalho exaustivo com as palavras. A imobilidade é a atitude da atenção expectante, da abertura ao desconhecido e ao inesperado — é a postura, por assim dizer, do sujeito cujo olhar se volta para as formas e as experiências com o intuito de apreendê-las, trazê-las para perto e para dentro de si, num impulso que tem ao mesmo tempo algo de erótico e de filosófico.

A vertigem, por outro lado, assinala o embate furioso com a existência que se projeta no poema, a inquietação da linguagem, a proliferação de imagens que confundem limites lógicos ou indeterminam ao máximo a comunicação. Desvario momentâneo dos sentidos, a vertigem é a experiência poética do desvio e do acúmulo, é a fragmentação da língua e a rarefação da clareza, processos dos quais a poesia de Claudia Roquette-Pinto se aproxima, sobretudo pela via da fantasia que transforma e transtorna o real.

A linguagem metamórfica que a autora mobiliza, linguagem que se mostra capaz de mudar uma coisa em outra, e em outra, em substituições velozes mediadas por jogos sutis de analogias, se interpõe à objetividade e abre novos caminhos à compreensão do trabalho poético. A metáfora é o ponto de passagem de um ser a outro, espaço de produção de diferença. É a instauração do movimento onde antes havia apenas estaticidade monolítica do mesmo (a identidade fechada das coisas e dos seres).

O abalo que provoca a metáfora — a vertigem — é o contraponto da disposição analítica e reconstrutiva do pensamento. Na poesia de Claudia Roquette-Pinto esses dois impulsos se mesclam e se afetam, mas nunca encontram um ponto que se poderia chamar de equilíbrio. A meditação e o delírio convivem, pois são respostas do sujeito poético aos estímulos do mundo. São modos não de todo separáveis de um desejo de apreensão e conhecimento, que é também desejo de perscrutação de si e teste de resistência da linguagem. Para a autora, a escrita do poema conjuga, sem contudo resolver, os dois polos em questão, associando também a objetividade do olhar aos devaneios das elucubrações interiores. O rosto inclinado, próximo aos clarões (epifânicos?) da lida com a linguagem, o eu então se concentra no poema como quem se volta para a flor "— a única que existe". A unicidade do poema ("única flor") não é a senha para o isolamento esteticista da realidade, mas a afirmação enviesada, posto que alegórica, de que a experiência intensa das coisas e das ideias, para a poeta, só pode se dar nesse processo difícil da escrita, processo da atenção absoluta — imóvel — e do descaminho vertiginoso da imaginação.

III

com mão ágil abrir a costura de outros enredos

A obra de Claudia Roquette-Pinto surge num período de transformações e impasses na cena poética brasileira. Seus primeiros textos, escritos a partir de meados dos anos 1980 e até a publicação deste livro praticamente inéditos, se apropriam de modo já bastante particular da informalidade coloquial e da vitalidade expressiva da poesia escrita na década anterior, e que informou toda uma geração. A redescoberta da experiência vivencial, o privilégio da anotação imediata da emoção e a busca pela comunicação mais direta com o leitor são traços de uma poética que, apesar de variações significativas, impôs-se desde os anos 1970, forjando uma nova sensibilidade da qual não escaparam nem mesmo alguns dos nomes decisivos das neovanguardas experimentais.

Ainda que denote a assimilação e o diálogo com esse modo de compreensão e prática da poesia, visível em versos como "psicógrafo feridas/ perco o foco da meada,/ não me dou por achada,/ me faço de desentendida", a autora de *Margem de manobra* (2005) já traz ao poema inédito ("Guerrilha") a consciência dos perigos da escrita — elemento que vai singularizar a sua voz e a sua perspectiva nos livros que virão: as "palavras-armadilha" contêm a ameaça da explosão, estão sempre prestes a destruir quem delas se aproximar.

Estreando em livro em 1991, Claudia será um dos nomes fundamentais — junto a Carlito Azevedo, Josely Vianna Baptista e Ricardo Aleixo — da nova geração que se afirmou pela contradição com as experiências dos anos anteriores. Quase sempre minimalista, de tom o mais das vezes impessoal, apresentando claro compromisso com o domínio técnico da linguagem e com os repertórios da modernidade poética do século XX, o grupo de poetas que estreou em livro na década de 1990, e que depois, em larga medida, foi reunir-se (sem necessariamente se organizar) em torno da revista *Inimigo Rumor*, procedeu a uma espécie de retorno ao poema.

A metatextualidade insistente e a experimentação de formas e linguagens, feita, no entanto, com critérios diversos daquela levada a cabo pelas vanguardas construtivas ou de parte dos artistas ligados à contracultura, dão à escrita da poesia um grau elevado de consciência de si que irá marcar, para o bem e para o mal, os rumos da produção poética feita daí em diante.

A poesia da autora participa de modo inequívoco desse processo, constituindo-se como referência entre seus pares, exemplo das possibilidades virtuosas de conjugação entre a expressão pessoal e íntima e o rigor compositivo do poema que ia buscar seus modelos formais na pintura e na escultura do Alto Modernismo, bem como nas lições de objetivistas e construtivistas, com seus testes contínuos dos materiais da arte. Para além de Carlito Azevedo, antes referido, a poesia de Claudia Roquette-Pinto encontrou eco no trabalho de Lu Menezes, poeta surgida no âmbito da geração anterior, mas que publicaria, em 1996, *Abre-te, rosebud!*, livro-recomeço para a poeta maranhense, no qual se articulavam também, ainda que em outros tipos de verso e de estrofação, o mesmo pendor analógico de Claudia e um semelhante impulso à abstração e à discussão de ideias, bem como o interesse comum por uma poética de forte cunho visual.

Na passagem para o século XXI, Claudia Roquette-Pinto publica apenas um livro, *Margem de manobra*, passando depois longo período preparando a nova coleção de poemas que sairia quase vinte anos depois. Na transformação operada no livro de 2005 já era possível notar que predominava então um verso mais íntegro, alongado, sem as interrupções e quebras que o fragmentavam significativamente nos volumes anteriores. A narratividade passava a ser recurso central. O poema em prosa se consolidava de modo definitivo como uma das formas privilegiadas da poeta, na qual apresentou grande desenvoltura.

As transformações que vão tendo lugar na poesia brasileira do novo século, e que inventaram, por assim dizer, a paisagem contemporânea na qual vivemos neste momento, encontraram lastro e apoio na poesia de Claudia Roquette-Pinto. A sua poesia foi, seguramente, uma das leituras formadoras das novas vozes que surgiram nos anos posteriores, e que tiveram na coleção Ás de Colete (das editoras Cosac Naify e 7Letras) e na revista *Modo de Usar & Co.* pontos de convergência importantes.

Dos novos nomes surgidos já no panorama contemporâneo, talvez se destaquem, como interlocutoras de relevo da poesia de Claudia, nomes como Ana Martins Marques, Mônica de Aquino e Leila Danziger, significativamente três poetas mulheres. As questões femininas que sempre se apresentaram na obra de Claudia Roquette-Pinto atualizam-se, reimaginadas, no trabalho dessas poetas (entre tantas outras), que vão buscar na obra de Claudia o controle disciplinado da expressividade e o gosto pela sofisticação das imagens (Ana Martins Marques), a cartografia incontornavelmente erótica da linguagem e do real (Mônica de Aquino) e a lição das artes plásticas como dado fundamental para a poesia (Leila Danziger).

Nome definitivo da poesia brasileira das últimas décadas, parte da ecologia poética dos dias atuais (de modo mais ou menos explícito, a depender das forças em atuação), Claudia Roquette-Pinto precisava há tempos ser apresentada às novas gerações de leitores. As edições dos cinco livros que publicou entre 1991 e 2005 foram invariavelmente feitas em baixas tiragens, e encontravam-se já há muito esgotadas, praticamente inacessíveis. A publicação deste *A extração dos dias: poesia 1984-2005*, pela coleção Círculo de Poemas, chega em boa hora e mostra, de modo novo, a consistência dessa voz, pela primeira vez reunida num único volume, o que amplifica a percepção das suas virtudes e da unidade na diversidade, que é uma das marcas dessa poesia — a cada livro, Claudia Roquette-Pinto ia revendo os seus materiais e as suas escolhas, abandonando caminhos consolidados e apostando na reinvenção de suas possibilidades.

A força poética do trabalho da autora nunca deixou de estar presente na cena da poesia brasileira contemporânea, reproposta por jovens poetas ou difusa na sensibilidade literária do tempo. É hora de enfrentar a sua "luminosa solidão".

ÍNDICE EM ORDEM ALFABÉTICA DOS TÍTULOS DOS POEMAS

[... entre pernas, entre braços], 254
20 de abril de 1883, 272
A caminho, 136
A casa ainda, 279
A escada de Jacó, 250
A lei da pólis, 37
A mão, 159
[A notícia abriu a força], 221
[A orla branca], 222
[*A palavra existe contra o silêncio*], 327
[*A palavra me deixa pisando em ovos*], 328
[A serra elétrica das cigarras parou], 203
[A sua voz rasgada], 281
[acima desta escuridão alguma coisa debruça], 178
[água madura saturando em âmbar], 174
[Ainda umidas sobre a folha], 197
All-leather, 49
Amarelo, 268
Amor de borboleta, 290
[*Amor-emaranhado*, labirinto], 189
Anfíbios, poetas, 283
Ao leitor, em visita, 110
Are You Coming With Me?, 308
[arrufo de asas], 175

[Árvore de fogo, chama negra], 190
[*Assim que sua boca nomeou o desejo*], 261
[Até onde a respiração me leve], 199
[*Atrás da garfada uma rosa surpresa*], 337
Azul, 273
Bādinjâna, 90
Bananas, cacho, 101
Blefe, 25
Branco, 271
Brasa dormida, 36
Cadeira em Mykonos, 139
[Cães que uivam, não para a lua], 229
Canção de Molly Bloom, 289
[*Cantava a chuva*], 324
Cão, 247
Castanhas, mulheres, 92
[Céu fixo que se escalpela], 208
Chama, 168
Cidade bombardeada, 295
Cinabre, 202
Cinco peças para silêncio, 143
Colar, 152
[*Como o ímã atrai a limalha*], 280
[Conhecer], 198
[Da banda dos metais operosos], 225
[Dalí e seu relógio que escorria], 211
Dama-da-noite, 114

[De mãos postas o louva-a-deus ora], 185
[Dentro do pescoço], 200
Desenlace, 23
Deserto com sombra negra e montanhas ao fundo, 265
Deserto para ouvi-las, 122
[Desprego as estrelas], 195
[Dias mesquinhos], 306
Digital, 259
Dura ou caroável, 44
Dúvidas, 3 ou 4, 98
[E ela soube que tinha sido atravessada], 243
Eclipse, 41
[Ele era todo liso], 269
Ele:, 117
Em Sarajevo, 246
Em surdina, 165
Empréstimos, 315
[Então é isso], 204
[Escrita], 214
[espremer poesia da palavra seca], 334
Esta, 167
Exílio, 307
Fabulando, 32
Fait-accompli, 123
Fátua, 22
[Feijões arrancados da fava], 230
Fósforo, 151
[Fugitiva, à vezes num meneio], 213
[Gato:], 332
Gênesis, 31
Georg Trakl, 160
Granada, 249
[gualde amarelo amarelo andante em verde], 176
Guerrilha, 319
[há uma prata indecisa na copa destas árvores], 177
Hiato, 24
Hobby, 320
Homem: modo de abrir, 255
Intermitentes, 50
Janela, 260
Jardim dos Prazeres Oriental, 270
Jazz, 51
Kit e Port, 303
Litografia, 29
Luz depois do mergulho, 70
Mais uma lua, 300
Manhã rarefeita, 42
Maresia, 285
[Margaridas], 206
Margem de manobra, 256
Marinha com medo de dormir, 62
Matéria do riso, 325
Meditação, 252
Meia-água, 163
Menino no berço, 61
[Meteoros], 196
Minima moralia, 88
Mira, 241
Móbile, 63
Modo poético, 89
Moon lady, 57
Na Costa dos Esqueletos, 299
[Na hora em que tudo termina], 223
Na maternidade, 58
Na Montanha dos Macacos, 297
Na varanda, 124
[Nada], 186
[Não a garganta], 205
[Não no sono], 194
[nenúfar], 173
No ateliê, 78
No éden, 162
No estúdio, 115
No jardim, 79
No museu, 321
No sinal, 304
No teatro, 141
Nossa Senhora da Rosa Mística, 301
Numa estrada, 45
[O azul neófito próximo ao violeta], 201
O casal, 107
O casal, 108
[O dia inteiro perseguindo uma ideia], 183
[O espelho frente à janela], 207
[O hibisco é uma fruta é um bicho], 336
O náufrago, 232

O nome das coisas, 333
O porvir, 161
O primeiro beijo, 292
[O princípio da poesia], 202
[O que mora em minha boca], 226
[O que não fala], 192
[O solavanco no estômago], 217
[O torneado hábil das palavras], 231
Odre, 311
Olhando fotografias, 286
Opaco, 245
Os amantes sob os lírios, 264
Os dias de então, 313
Os frutos da terra, 99
Os reinos, 158
[Os sapos martelam na noite], 227
[Página oca], 193
Para Sylvia Plath, 35
Parda, preta, pintada, 93
Peixes japoneses, 322
Pêndulo, 104
[Pequeno pássaro sem presságios], 212
[Perdido], 288
Pingente (flor da banana), 102
Poema de aniversário, 305
Poema riscado no escuro, 52
Poema submerso, 116
Poeta na Capela, 284
[Por que você me abandona], 191
Porcelana, 75
Praia Linda, 277
Presença, 113
[Primeiro as franjas de papel-metal], 228
[Pro teu amor, só o silêncio], 326
Pulso, 312
[Quando escrevo], 331
[Quantas maneiras poderia encontrar], 302
Quase, 67
Quatro flashes antes do poema, 59
[Que luz azul é esta que reclina], 224
Queda, 242
[Quem, sob os cabelos], 215
[Quero sempre a tua voz na minha vida], 330

Raízes, 100
Rastros, 87
Redoma, 291
Retrato de Pablo, velho, 97
Rol, 253
Ruídos, 71
Santa Teresa, 251
[Se cada hora tivesse], 216
Seixo, 153
Sirocco, 121
Sítio, 239
Snap-shot, 103
[Sob o fermento do sol, as coisas], 187
[Sob o toque da luz do dia], 248
Sobretudo, 30
Sonho com bicicleta e tigre, 282
Space-writing, 109
Stabile, 105
Sterling move, 125
[Suspenso na rede do sono na tarde indecisa], 184
Tarde na serra, 69
Tarde no Mojave, 53
[Teia de aranha, galho seco da roseira], 209
Tela, 135
Tema para esboço, 77
The Last Days of Disco, 287
[*Todo domingo é um pequeno réveillon*], 335
Tomatl, 91
Tranco, 26
[Tubérculos nos joelhos], 218
Tudo a perder, 244
Tulipa da Turquia, 267
Últimas flores, 169
[Uma cor que se macera], 220
Umbral, 68
Vão, 157
Vaso de vidro, 263
[Vencida pelo perfume das rosas], 210
Vermelho, 266
Vigia, 164
Visão e tato, 76
Visitação da morte, 43
Voz, 148
Zerando, 21

Copyright © 2025 Claudia Roquette-Pinto

Todos os direitos reservados. Nenhuma parte desta obra pode ser reproduzida, arquivada ou transmitida de nenhuma forma ou por nenhum meio sem a permissão expressa e por escrito da Editora Fósforo.

DIREÇÃO EDITORIAL Fernanda Diamant e Rita Mattar
COORDENAÇÃO DA COLEÇÃO E EDIÇÃO Tarso de Melo
COORDENAÇÃO EDITORIAL Juliana de A. Rodrigues
ASSISTENTES EDITORIAIS Amanda Morales, Millena Machado e Rodrigo Sampaio
REVISÃO Eduardo Russo
DIRETORA DE ARTE Julia Monteiro
PROJETO GRÁFICO Alles Blau
EDITORAÇÃO ELETRÔNICA Página Viva

CIP-BRASIL. CATALOGAÇÃO NA PUBLICAÇÃO
SINDICATO NACIONAL DOS EDITORES DE LIVROS, RJ

R69e

Roquette-Pinto, Claudia, 1963-
    A extração dos dias : poesia 1984-2005 / Claudia Roquette-Pinto ; organização Gustavo Silveira Ribeiro. — 1. ed. — São Paulo : Círculo de Poemas, 2025.

    ISBN: 978-65-6139-068-2

    1. Poesia brasileira. I. Ribeiro, Gustavo Silveira. II. Título.

25-96099
CDD: 869.1
CDU: 82-1(81)

Gabriela Faray Ferreira Lopes — Bibliotecária — CRB-7/6643

---

circulodepoemas.com.br
fosforoeditora.com.br

Editora Fósforo
Rua 24 de Maio, 270/276, 10º andar
01041-001 — São Paulo/SP — Brasil

FSC
www.fsc.org
MISTO
Papel | Apoiando o manejo florestal responsável
FSC® C011095

A marca FSC® é a garantia de que a madeira utilizada na fabricação do papel deste livro provém de florestas gerenciadas de maneira ambientalmente correta, socialmente justa e economicamente viável e de outras fontes de origem controlada.

ipsis

CÍRCULO DE POEMAS

O **Círculo de Poemas** é a coleção de poesia da Editora Fósforo que também funciona como clube de assinaturas. Seu catálogo é composto por grandes autores brasileiros e estrangeiros, contemporâneos e clássicos, além de novas vozes e resgates de obras importantes. Os assinantes do clube recebem dois livros por mês — e dão um apoio fundamental para a coleção. Veja nossos últimos lançamentos:

LIVROS

Cancioneiro geral [1962-2023]. José Carlos Capinan.
Geografia íntima do deserto e outras paisagens reunidas. Micheliny Verunschk.
Quadril & Queda. Bianca Gonçalves.
A água veio do Sol, disse o breu. Marcelo Ariel.
Poemas em coletânea. Jon Fosse (trad. Leonardo Pinto Silva).
Destinatário desconhecido: uma antologia poética (1957-2023). Hans Magnus Enzensberger (trad. Daniel Arelli).
O dia. Mailson Furtado.
O Kit de Sobrevivência do Descobridor Português no Mundo Anticolonial. Patrícia Lino.
Se o mundo e o amor fossem jovens. Stephen Sexton (trad. Ana Guadalupe).
Quimera. Prisca Agustoni.
Sílex. Eliane Marques.
As luzes. Ben Lerner (trad. Maria Cecilia Brandi).

PLAQUETES

cova profunda é a boca das mulheres estranhas. Mar Becker.
Ranho e sanha. Guilherme Gontijo Flores.
Palavra nenhuma. Lilian Sais.
blue dream. Sabrinna Alento Mourão.
E depois também. João Bandeira.
Soneto, a exceção à regra. André Capilé e Paulo Henriques Britto.
Inferninho. Natasha Felix.
Cacto na boca. Gianni Gianni.
O clarão das frestas: dez lições de haicai encontradas na rua. Felipe Moreno.
Mostra monstra. Angélica Freitas.
é perigoso deixar as mãos livres. Isabela Bosi.
A língua nômade. Diogo Cardoso.

Para conhecer a coleção completa, assinar o clube e doar uma assinatura, acesse:
www.circulodepoemas.com.br

**CÍRCULO
DE POEMAS**

Este livro foi composto em GT Alpina e
GT Flexa e impresso pela gráfica Ipsis
em março de 2025. Custa o tempo de
um tropeço lapidar uma palavra.